왜 그럴까?

WHY? STORIES AND THOUGHTS OF 100 PHILOSOPHERS FOR SMART KIDS
ⓒ Dalcò Edizioni
Via Mazzini n. 6-43121 Parma
www.dalcoedizioni.it
Forewords: Umbrerto Galimberti
Text: Irene Merlini, Maria Luisa Petruccelli
Illustrations: Isabella Bersellini, Nanà Dalla Porta, Anna Grimal López, Gaia Inserviente,
Chiara Luzi, Giorgia Marras, Anna Masini, Marta Pantaleo, Giulia Tomai, Lucilla Tubaro
All rights reserved.
Korean translation rights ⓒ SOSO Ltd., 2024
Korean translation rights are arrangement with Dalcò Edizioni through AMO Agency Korea.

왜 그럴까?

철학자 100명이 대답합니다

움베르토 갈림베르티 서문
이레네 메를리니 · 마리아 루이사 페트루첼리 글
이사벨라 베르셀리니 외 그림 | 이승수 옮김

첫번째펭귄

차례

세상을 더 깊이 이해하고 생각하는 첫걸음

움베르토 갈림베르티

왜 아이들을 위한 철학책이 필요할까요? 그 이유는 아이들이 타고난 철학자이기 때문이에요. 사실 아이들은 세상에 나오자마자 자신을 둘러싼 세계를 알고자 하는 억누를 수 없는 욕구를 갖습니다. 그 시작은 먹여 주고 재워 주면서 아이들을 안심시켜 주는 어머니의 세계이지요. 어머니의 세계에서 주변 세계로 옮겨가면서 아이들은 자신을 둘러싼 사물을 이해해요. 주변에 있는 사물이 안전한지 확인하고, 그에 의존하기 위해 반복적으로 주변을 탐색하고요.

우리는 예측할 수 없을 때 불안을 느껴요

이 세상에서 살기 위해 아이가 스스로 해결해야 하는 첫 번째 문제는 예측할 수 없는 것에 대한 불안을 줄이는 거예요. 우리는 이 땅에 나타난 첫날부터 불안을 알고 있었고, 끊임없이 불안을 억누르려 애써 왔어요. 인류는 의식을 통해 규칙적으로 행동하면서 불안을 줄여 왔어요. 다음에는 신화를 통해 어떤 행동이 좋은 또는 나쁜 결과를 가져올지 예측하는 행동 모델을 사용하면서 불안을 억제했고요. 마지막으로 이성을 통해 논리적 결과를 이끌어 내며 불안에서 자신을 보호했어요. 철학에 기초한 합리적인 전략 외에는 어떤 전략도 예측할 수 없는 것에 대한 불안에서 우리를 보호하지 못합니다.

앞서 모든 아이는 철학자라고 말했어요. 철학을 알기 때문이 아니라 미지의 세계에서 살아남기 위해 무의식적으로 철학자의 태도를 취하기 때문이에요. 철학의 고유한 특징은 세상에 대한 지식을 얻는 것이고, 공교롭게도 그 지식 덕분에 두려움을 거의 몰랐던 아이들이 두려움을 갖게 되지만요. 두려움은 위험에서 아이들을 보호하고, 이해할 수 없는 세상에서 아이들에게 덮쳐 오는 불안을 줄여 주지요.

가만히 관찰해 보면 아이들은 두려움이 없고, 그래서 여러 가지 위험에 끊임없이 노출되는 것을 알 수 있어요. 이것이 아이들을 지켜봐야 하는 이유예요. 아이들은 무엇을 할지 예측할 수 없어요. 유리잔을 집어 드는가 하면, 발코니에 올라가 허공으로 몸을 내밀고, 가스 불꽃이 신기해서 손을 뻗어 만져 보거든요.

두려움은 우리를 위험에서 구해 주는 탁월한 방어 체계예요. 아이들은 아직 세상일을 모르고 그 위험성도 모르죠. 그래서 두려움은 없지만 불안은 품고 있어요. 아이는 캄캄한 밤에 잠에서 깨어나면 몹시 불안해해요. 철학적 이론이 매우 다른 하이데거와 프로이트가 거의 똑같은 말로 설명했듯이, 아이는 붙잡을 것이 없다는 사실 때문에 불안에 휩싸입니다. 참고할 것도 없고, 아는 것도 없고, 안정감을 주는 이미지도 없기 때문이에요. 불안한 아이는 울음을 터뜨립니다. 아이와 미지의 세계 사이의 위대한 중재자인 어머니가 불을 켜고 아이 가까이에 앉아 주변 세계를 설명하며 달랠 때 아이는 울음을 그칩니다.

사물을 정의하기 위해 엄마가 반복하는 말

사물의 관계를 알아 갈 때는 늘 불안이 덮칩니다. 이때 아이들은 불안에서 자신을 구하기 위해 자연스럽게 이성의 두 가지 기본 원리를 배워요. 철학이

처음 생겨날 때부터 주제로 삼은 '비모순의 원리'와 '인과 원리'이지요.

비모순의 원리는 무언가는 그 자체일 뿐 다른 것이 아니라는 거예요. 아직 이성적으로 생각할 수 없는 어린아이는 이 원칙을 지키지 못해요. 예를 들어 손에 쥔 색연필을 그림 그리는 데 사용하지만, 아이가 그림 그리기를 그만두고 입에 색연필을 넣으면 그 의미가 변해요. 색연필은 더 이상 그리기 도구가 아니라 젖병이에요. 또 짓궂은 아이가 색연필로 동생을 공격하면 아이는 색연필을 공격 도구로 삼으며 색연필의 의미를 다시 바꾸지요.

의미에 혼란이 찾아오고 의미가 계속 흔들리는 것은 부족한 판단력의 전형적인 특징이에요. 아이들은 세상에 나올 때 세상을 해석하는 도구가 없어 필연적으로 판단력이 부족한 상황에 놓여요. 아이들은 세상을 해석할 수 있는 도구를 습득하면서 판단력이 부족한 상황에서 벗어나 점차 이성적으로 생각하지요. 이성적 사고의 첫 번째 행동은 사물의 의미를 한결같이 고정하는 거예요. 색연필은 색연필일 뿐, 색연필은 빨거나 공격하는 데 사용하는 물건이 아니라 그림 그리는 데 사용하는 도구임을 이해하는 거죠. 엄마가 아이에게 지칠 줄 모르고 반복하는 '안 돼'는 아이가 비모순의 원리, 즉 무언가는 그 자체일 뿐 다른 것이 아니라는 원칙을 습득하게 만드는 첫 단계예요.

비모순의 원리를 생활에 적용할 때 얻을 수 있는 장점은 두 가지예요. 하나는 서로를 이해하게 해 주기 때문에 엄마가 '색연필 줄래?'라고 할 때 아이는 지우개를 주지 않는다는 거예요. 색연필은 색연필일 뿐, 다른 것이 아니라는 것을 배웠기 때문이에요. 또 하나의 장점은 아이가 손에 쥔 색연필을 어떻게 사용하는지 알기 때문에 주변 사람들의 불안을 줄여 준다는 거예요. 아이가 유리잔이나 가위를 쥐고 있을 때도 마찬가지예요.

이성적 질서의 토대인 비모순의 원리는 논리적 원리이기 전에 우리가 대화할 때 서로를 이해하게 해 주는 조건이에요. 또한 눈앞에서 물건을 다루는 사람을 두려워하지 않게 해 주는 조건이기도 해요. 사물의 의미를 정의하는 비모순의 원리를 따른다면, 그 물건을 어떻게 사용할지 예상할 수 있기 때문이에요. 결국 역사가 시작되었을 때부터 모든 인간 조직이나 공동체는 두 가지 문제를 해결해야 했어요. 첫째, 대화하며 서로를 이해할 수 있어야 하고 둘째, 구성원의 예측 불가능한 행동을 피해야 한다는 거예요. 두 가지 문제를 해결하지 못했다면 공동체의 질서를 확립하거나 공동체의 발전은 불가능했을 거예요.

호기심을 채우는 데 너무 어린 나이는 없어요

비모순의 원리를 습득한 아이들은 이 세상에서 어떤 일이 어떻게, 왜 일어나는지 이해하고 최소한의 예측 가능성을 통해 이 세상에서 살 수 있도록 끊임없이 원인과 결과의 원리를 탐구해요. 손에 쥔 물건을 놓치면 부서지는 것을 확인한 아이는 아끼는 물건을 단단히 쥐는 법을 배웁니다. 조금씩 호기심이 생겨나는데, 호기심은 쉽게 해결되지 않아요. 호기심을 해결할 방법이 없으면 호기심이 마음을 어지럽혀요. 엄마와 함께 길을 걷다가 이렇게 말하는 아이처럼요.

"내 생각에 신은 없어요. 신은 엄마가 없기 때문이에요."

이 말의 바탕에는 특정한 추론이 깔려 있어요. 그러니까 엄마가 나를 세상에 데려왔기 때문에 내가 존재하는 것이라면, 신을 낳은 엄마가 없는데 어떻게 신이 존재할 수 있겠는가를 비유적으로 암시하고 있어요. 아마도 아이는 신이라는 존재보다는 인과 원리에 관심이 있는 거예요. 인과 원리가 없으면 사물의 존재 이유를 설명할 수 없는 거지요.

엄마의 대답은 이랬어요. "이런 문제를 생각하기에 너는 너무 어려. 더 크면 알게 될 거야." 아니요! 아이가 사물들이 연결된 네트워크를 파악하고 사물들이 어떻게 나타나고 발생하는지 이해하며 더 나은 방향성을 잡으려면, 아이는 지금 알 필요가 있어요.

아리스토텔레스는 말했어요. '모든 사람은 천성적으로 지식을 향해 나아간다. 그러나 어떤 사람들은 경험에 그치고, 또 어떤 사람들은 원인을 이해하면서 참된 지식에 도달한다.' 이것이 바로 특정 나이의 아이들이 '왜, 왜' 하며 끊임없이 물어보는 이유이지요. 피상적이거나 성의 없는 대답으로, 혹은 무응답으로 아이를 실망시키는 것은 아이의 호기심을 멈추게 하는 거예요. 또한 아이들이 비판적 태도로 보고 듣는 것이 사실인지 아닌지 생각하게 만들지 않은 채, 보고 듣는 것에 만족하게 만들고요.

거짓을 판단하고 구분하는 능력

우리는 왜 우리가 알고 있는 것을 안다고 생각할까요? 반복해서 들었기 때문일까요? 텔레비전에서 들었기 때문일까요? 존경하는 정치인이나 과학자가 말했기 때문일까요? 우리의 정치적·종교적 신념과 일치하기 때문일까요? 말하고 설득하는 사람이 제시하는 이유가 우리를 납득시켰기 때문일까요? 이런 것들이 그 이유라면 우리는 아무것도 알지 못합니다. 안다는 것은 논거를 통해 주장을 뒷받침하는 것을 의미하기 때문이에요. 안다는 것은 감정을 자극해서 설득하는 수사적 제안에 영향을 받지 않고, 논거로 주장을 뒷받침하는 것을 의미해요.

철학은 궤변이나 수사학과 엄연히 구별됩니다. 궤변은 거짓 삼단 논법을 사용해 속이는 것이고, 수사학은 감정에 호소하면서 비이성적인 요인으로 상황을 믿게 유도하는 말하기 기술이에요. 부모는 아이가 잘못된 설득에 빠지지 않고 자기주장을 정당하게 제시하기를 원해요. 특히 매끄러운 것처럼 보이지만 모순을 숨기고 있는 주장을 파악하는 데 익숙해지기를 원해요. 이것은 인지 지도와 정서 지도가 형성되는 유아기부터 시작해야 하는 일이에요.

지성과 감성에 길을 내는 지도

인지 지도는 아이가 성장하면서 접하는 모든 사물을 이해하는 방식을, 정서

지도는 자신을 둘러싼 세상과 사물들을 느끼는 방식을 결정해요. 프로이트는 인지 지도와 정서 지도가 생후 6년 동안 형성된다고 믿었어요. 프로이트보다 조금 더 엄격한 신경 과학은 인지 지도와 정서 지도가 생후 3년 동안 아주 확실하게 형성된다고 판단해요.

한 사람의 삶에 큰 영향을 끼치는 인지 지도와 정서 지도가 어떻게 형성되는지 알 수 있을까요? 간단해요. 아이가 그리는 그림, 그림에서 대상을 배열하는 방법, 많이 사용하고 좋아하는 색상에 주의를 기울이세요. 거기에서 아이가 세상을 어떻게 알고 있는지, 세상이 아이에게 어떤 감정적 공명을 만들어 내는지 알 수 있어요.

분명한 것은, 성인이 되어도 바꾸기 어려운 인지 지도와 정서 지도를 형성하는 데 부모의 책임이 크다는 거예요. 아이는 보고 듣는 것을 통해 자신을 드러내고, 요청할 때 받는 메시지를 기반으로 하여 최선을 다해 스스로 지도를 만들어요. 아이의 말에 귀 기울이고 세심하게 주의하며 모든 성장 단계에서 적절한 보상을 해 주고, 아이의 질문에 진지하게 대답하며 아이의 순진함을 비웃지 않는 것이 중요해요.

아이가 한 작은 일에 부모가 관심을 기울이는 건 아이의 정체성 형성에 매우 중요해요. 아이는 어떤 일을 하고 나면 그것을 보여 주고 싶어 안달하거든요. 우리 모두 알고 있듯이, 정체성은 타고난 것만 아니라 인식의 산물이에요. 그것이 부족하면 아이는 더는 자기 생각이나 감정을 믿지 않아요.

옳고 그름을 느끼는 정서 조절 장치

인간은 동물과 달리 자극에 그대로 반응하는 본능은 없지만 불확실한 목표를 향한 충동을 가지고 있어요. 폭력적인 목표를 향해 충동적으로 나아갈 수 있듯이, 진지한 목표를 설정하고 나아갈 수도 있어요. 마찬가지로 성적 충동을 승화시켜 시나 예술 작품을 탄생시킬 수 있어요.

관건은 충동 교육에 있어요. 동물은 본능을 따르기 때문에 교육할 수 없어요. 본능은 달성할 행동과 목표에 대한 다양한 선택을 예상하지 못해요. 충동 교육이 부족하면 어린아이들은 말이나 추론보다 몸짓으로 자신을 표현합니다. 대표적인 예가 '괴롭힘'이에요. 자기 행동의 심각성을 조금도 인식하지 못한 채 비난받을 행동을 하지요. 칸트는 '사람은 자연스럽게 선과 악의 차이를 느끼기 때문에 그것을 정의하지 않을 수도 있다'라고 말해요. 괴롭힘의 가해자는 그러한 '느낌'이 부족해요. 그런 아이들은 자기 행동에 따르는 즉각적인 정서적 공명을 알 수 있게 해 주는 교육을 접한 적이 별로 없기 때문이에요.

예를 들어 할머니가 동화를 들려주실 때 느꼈던 정서적 공명을 말하는 거예요. 잔인한 동화도 포함돼요. 아이들은 악에 대한 지식이나 가까운 사람을 잃는 슬픔에서 제외되어서는 안 됩니다. 살다 보면 나쁜 일이 생기거나 가까운 사람을 잃게 되는데, 이때 어떻게 반응해야 할지 모른 채 놀라고만 있을 수는 없으니까요.

엄마가 읽어 주는 동화를 들으면서 아이는 정서적으로 선과 악의 차이, 옳은 것과 옳지 않은 것의 차이, 좋은 것과 나쁜 것의 차이를 배워요. 그러면서 행동이 좋은지 나쁜지, 옳은지 옳지 않은지를 '느끼게' 해 주는 정서 조절 장치를 얻습니다. 정서 교육을 받지 않으면, 어떤 행동이 좋은지 아닌지에 대한 즉각적인 인식을 갖지 못합니다. 뿐만 아니라 충동적인 상태에 머물게 되지요. 그러면 매일 뉴스에서 끊임없이 보여 주는 사회적 위험을 떠안고 말겠지요.

감정을 배우고 단련하는 정신의 지도

충동은 타고난 것이지만, 정서는 타고날 뿐 아니라 교육으로 생성됩니다. 그렇다면 감정은 본성이 아니라 문화적으로 만들어진다고 할 수 있어요. 감정은 학습됩니다. 고대부터 현대에 이르기까지 모든 사회는 이 임무를 절대로 회피하지 않았어요. 사실 태초부터 최초의 공동체는 이야기, 신화, 의식을 통해 순수한 것과 불순한 것, 신성한 것과 속된 것의 차이를 가르쳤고 이를 통해 선과 악의 영역을 제한하고 질서 체계를 만들어 지역 사회 구성원의 행동을 지도했어요. 예를 들어 전염병은 불결함과 연관되어 있고, 전염병의 확대에 따른 사람들의 공포와 전염병을 막기 위한 격리 절차가 이어졌고요. 그로 인해 특별한 의식, 마술, 희생 제물이 등장했어요.

고대 그리스인들은 올림포스에서 인간의 모든 감정, 열정, 미덕을 특정 모델로 만들어 지도했어요. 제우스는 힘, 아테나는 지성, 아프로디테는 성욕, 아레스는 공격성, 아폴로는 아름다움, 디오니소스는 광기를 표현했어요. 오늘날 환상에서 벗어난 우리는 감정을 배우기 위해 더 이상 신화에 의존하지 않지만, 인류는 문학이 만든 장대한 레퍼토리를 가지고 있어요. 고통이 무엇인지를 여러 가지 형태로 표현해 우리에게 가르쳐 줘요. 기쁨, 슬픔, 열정, 권태, 비극, 희망, 환상, 우울, 열광이 무엇인지 가르쳐 주죠. 문학 작품을 통해 교육받은 우리는 정신 지도를 가지고 있어요. 예를 들어 정신 지도는 고통에서 벗어나는 방법은 아니더라도 고통을 견디는 방법을 가르쳐 줘요. 이것은 아마도 아이스킬로스의 명언 '고통은 정신에 오류가 난 것이다'의 뜻일 거예요.

생각을 연결하는 훈련

정신을 교육하는 것은 생각 훈련을 통해서만 가능합니다. 생각은 감정이 동반될 때 더욱 생산적으로 활성화되고요. 사실 마음을 먼저 열지 않으면 정신을 열 수 없어요. 좋아하는 선생님의 과목을 열심히 공부하고, 의욕을 떨어뜨리는 선생님의 과목을 소홀히 하는 건 우연이 아니에요. 우리가 참여, 모방, 매혹을 통해 배운다는 사실을 상기시켜 준 사람은 바로 플라톤이에요. 실제로 정서적 참여 없이는 생각이라는 활동이 활발히 일어나지 않아요. 이것은 감정적·정서적 질서에서 가장 멀리 떨어져 있는 것처럼 보이는 지식에도 적용되는데, 열정 없이는 지식을 발전시킬 수 없기 때문이에요.

아이들은 아는 것을 좋아하지만, 아는 것이 많은 정보를 갖는다는 의미는 아니에요. 이 점을 누군가가 가르쳐야 해요. 특히 아이들이 인터넷에서 다운 로드하는 정보가 그렇지요. 안다는 것은 이 정보를 연결하는 링크를 파악하는 것을 의미해요. 실제로 '넥서스(nexus)'는 '지식'이라는 단어의 어원에서 찾을 수 있는 용어예요. '안다'는 것은 '연결하다', '연결선을 만들다'라는 것을 의 미하기 때문이에요. 철학은 이러한 연결이 만들어지는 탁월한 장소예요.

그래서 초등학교에서 철학을 가르쳐야 해요. 현대 사회에서는 그 어느 때보 다 그래야 해요. 한때 학교는 지식을 전달하는 유일한 기관이었어요. 오늘날 수많은 개념이 합쳐진 지식은 영화, 극장, 신문, 텔레비전, 인터넷, 참 정보와 거짓 정보가 하나의 판단 기준 없이 만들어졌다 사라지는 소셜 미디어를 포함 해 다양한 출처를 갖고 있어요. 이제 학교에는 단 하나의 중요한 임무가 남았 어요. 아이들이 이미 가진 정보를 연결 짓고, 아이들의 행동과 삶을 규제하는 의견이 어떤 토대로 만들어졌는지 가르치는 거예요. 연결 짓고 자신의 의견을 확인하는 것이 철학이 태어날 때 스스로 부여한 숙제가 아닐까요?

끊임없는 비판적 훈련

소크라테스는 설득의 대가였던 소피스트들과 달리 자신을 '철학자'라고 소 개했어요. 현자, 사제, 일반적으로 자기 생각이 옳다고 확신하는 모든 사람과 달리 자신은 어떠한 지식도 갖고 있지 않다고 말했어요. 소크라테스는 진리를 탐구하면서 자기 말을 듣고 있는 사람들이나 제자들의 의견을 참고했어요. 소 크라테스는 그들의 의견이 타당한지 확인하고 검증했어요. 가능한 모든 반박 을 이겨 내는지, 의견 안의 모순이 드러나 무너지고 마는지 주의 깊게 확인했 지요.

앞서 살펴본 것처럼 사물의 의미를 정의하기 위해 엄마가 반복하는 '안 돼' 덕분에 아이들은 어린 시절에 비모순의 원리를 배워요. 소크라테스는 비모순의 원리를 곡괭이로 사용해 근거 없는 얘기를 파 버리고, 모순이 명백히 드러나지 않는 얘기만 남겨 둬요.

모든 사람은 토론 중인 주제에 대해 어느 정도 정의, 진리, 아름다움에 대한 생각을 갖고 있지만 논제를 뒷받침하는 적절한 주장을 가진 건 아니에요. 소크라테스는 정의, 진리, 아름다움이 무엇인지 가르치는 현자처럼 행동하지 않고, 꽃병을 두드리며 소리로 그것이 진짜 청동으로 만들어졌는지 아닌지 확인하는 도공처럼 행동한다고 말해요. 도공과 마찬가지로 소크라테스는 자기 말을 듣는 사람들이나 제자들이 표현하는 의견이 근거가 충분한지, 전제와 결과 사이에 완전한 논리적 일관성이 있는지, 그들의 의견에 모순이 숨겨져 있는지 확인해요. 이 모든 일이 어떻게 행해질까요? 바로 '대화'로요.

공존을 위한 철학적 대화

대화(dialogue)라는 단어를 떠올릴 때 일반적으로 생각하는 것처럼 대화는 조용한 것이 아니에요. 'dia'로 시작하는 모든 그리스어는 원주의 두 지점 사이의 최대 거리를 측정하는 '지름(diameter)'이나 하느님의 대적인 '악마(diablo)'처럼 대립을 나타내요. 대화는 두 가지 혹은 그 이상의 의견 사이의 거리를 나타내요. 우리는 자기 의견에 동의하는 사람들과 대화하지 않아요. 단순히 그 의견에 동조할 뿐이지요.

철학적 훈련은 대화하는 것, 즉 서로 다르거나 심지어 반대되는 의견을 폭로하고 비교하는 거예요. 텔레비전 토론에서 흔히 일어나는 것처럼 상대방을 이기거나 넘어서기 위한 것이 아니라 상대방과 함께 진실을 추구하는 거예요. 토론은 우호적이고 경쟁하지 않는 분위기에서 이루어져야 해요. '필로소피아(philosophia)'라는 단어에 등장하는 '필리아(philia)', 즉 우정이라는 표현이 이를 암시해요.

현자와 달리 철학자는 진리를 소유하지 않는 것이 아니라 진리를 사랑해요.

의견을 표현하는 친구들과 서로를 능가하기 위해서가 아니라 진리를 찾기 위해, 적어도 다른 사람과 함께 진실에 더 가까워지기 위해서 진리를 찾아 나아가는 거예요. 그래서 '철학적' 대화는 '에리스틱(eristic)' 대화와 달라요. 그리스인들은 에리스틱 대화를 '논쟁의 기술'이라고 불렀어요. 이는 궤변가의 전형적인 기술로, 그가 말한 내용의 진실 또는 거짓과 상관없이 미묘하고 그럴듯한 추론이나 거짓 삼단 논법을 사용해 논쟁하는 거예요. 철학적으로 대화하려면 아주 관대해야 해요. 상대방이 자신의 설명을 끝내도록 너그럽게 지켜본다는 의미에서가 아니라(이것은 단지 좋은 매너일 뿐이에요), 상대방의 말이 자기 말보다 더 높은 수준의 진실을 포함한다고 가정하는 의미에서 관대하다는 거예요. 아이들도 토론할 때 자기 경험과 지식을 풍부하고 올바른 판단을 형성하는 것을 방해하는 편견을 없애기 위해 다른 사람의 말을 듣는 방법을 배운다면 철학적 대화를 하는 거예요. 아이들에게 철학을 훈련시킨다는 것은 다른 사람의 말을 듣는 훈련을 하도록 가르치는 것을 의미하고, 이는 평화로운 공존을 위한 필수 조건이에요.

진실에 더 가까이 다가가려면 어떻게 해야 할까요?

자기 의견을 표현하는 것은 실제로 선입견, 즉 우리가 태어난 세상, 받은 교육, 다녔던 학교, 읽은 책, 만난 스승, 겪은 경험, 영향을 받은 사람들에게서 시작된 사물을 보는 방식을 표현하는 것일 뿐이에요. 우리는 선입견에서 벗어날 수 없어요. 그것은 우리의 뿌리가 뽑히는 것이기 때문이에요. 우리는 역사나, 태어나고 자란 곳을 무시할 수 없어요.

영화를 보고 흔히 자신의 '의견'을 표현해요. 들어 보면 각자 다른 영화를 본 것 같아요. 각자의 세계관과 맞거나 반대되는 것을 한 장면에서 보기 때문이에요. 어떤 것에 대해 이야기하는 것은 실제로 그 어떤 것에 대해 말하는 것이 아니라 단순히 자신의 이야기, 즉 사물을 보는 방식을 말하는 것인지 몰라요.

그러면 어떻게 문제의 진실에 더 가까이 다가갈 수 있을까요? 자신의 의견 (편견, 세계관)을 강요하며 목소리를 높여서는 안 돼요. 철학적 대화가 요구하는 대로 다른 사람들의 의견을 우정으로 듣고, 그들의 의견에서 흥미로운 내용을 발견하고, 그 생각에 따라 자신의 판단을 수정하는 과정을 통해 우리는 진실에 가까워져요.

이런 식으로 우리는 자신의 의견을 고집하는 태도에서 벗어날 수 있어요. 다른 사람의 의견에 따라 자신의 의견을 수정하고 바꾸면서 진리에 도달하는 것을 말하는 것이 아니에요. 경직된 정신적 습관에 사로잡히는 것을 피할 수 있다는 뜻이죠. 정신이 경직될수록 세상이 어떻게 변화하는지, 우리 주변에서 무슨 일이 일어나는지 잘 이해하지 못하거든요.

우리의 생각을 치료하는 철학

삶은 생각의 규제를 받아요. 때로는 생각이 굳어지고, 별이 꺼져 가듯 생각이 시들고 무기력해져요. 생각을 계속 살아 있게 하려면 생각을 문제화하고 비교해야 해요. 그리고 전기적·문화적·감상적 선전상의 이유로 생각이 정신에 뿌리를 내려 어떤 이의나 비판도 용납하지 않는 최면술의 지시처럼 우리 안에서 행동하는 것을 피해야 해요.

이것이 바로 철학이 전념하는 사고 훈련이에요. 아이들의 정신 속에 형성된 단순한 생각이 평생 단순하게 유지되는 것을 방지하기 위해 아이들은 어릴 때부터 생각을 훈련해야 해요. 정신은 단순함 속에서 편안함을 느끼고 문제를 깊이 탐구하는 것을 피하며 쉽게 판단해요. 한마디로 모든 의심을 제거하고 안심하고 싶기 때문이에요. 더는 질문에 불안을 느끼고 싶지 않은 단순한 생각은 즉시 질문에 대답하고 싶어 해서, 어떤 경우에도 질문이 요구하는 수준의 답을 내리지 못해요. 아마도 이것이 오스카 와일드가 다음과 같이 쓴 이유일 거예요. '당신이 모든 질문에 대한 답을 찾았다면, 그것은 당신이 질문한 것이 올바른 질문이 아니라는 것을 의미한다.'

이 책은 답을 알려 주는 책이 아니에요. 문제를 다양한 관점에서 바라볼 수 있도록 유도하는 추천서예요. 실제로 문제가 풀리지 않는 이유는 여러 관점을 고려하지 않은 채 하나의 관점에서 문제를 바라보기 때문이에요. 문제를 적절하게 생각하고 옳다고 생각하는 것을 말한다면, 답 없는 질문을 줄일 수 있을 거예요. 질문의 답을 찾지 못하는 이유는 우리의 시선이 고정되어 움직이지 않고, 우리가 남의 말을 거의 듣지 않기 때문이에요.

마음의 지평을 늘리고 무한대로 확장하며 끊임없이 질문해야 해요. 사람들이 질문하지 않고 훈련받은 양처럼 다른 이들이 마련해 놓은 정비된 길을 거침없이 따라가도록 미디어가 명백한 자료를 막대하게 뿌려 놓더라도 말이에요.

'다른 사람이 이끄는 대로 따라가는 사람의 전형적인 소심한 정신 상태에서 용기 있게 벗어나 자신의 정신을 사용해 보라.' 칸트의 말이에요. 질문하고 존재하는 것을 문제화하며, '생각 없이' 살아야 한다고 생각하는 사람처럼 행복한 꿈에 젖어 살아가지 않고, 그런 숙제를 계속해 나가야 한다는 거예요. 인간은 개인적이고 사회적인 투쟁의 산물이고, 자신의 세계관을 넓힐 수 있는 다른 사람들과의 무한한 대화에서 이러한 싸움을 멈출 수 있는 일시적인 해결책을 찾아야 해요. 불안은 해결할 수 없는 문제들 속에서 고통을 악화시키는 진짜 원인이에요.

진짜 대답은 토론을 마무리하는 대답이 아니라 다음 질문에 비밀리에 담긴 대답이에요. 해안에 파도가 끊임없이 밀려오듯 질문은 정신의 모습을 변화시키며, 어떤 고통도 결정적이지 않고, 어떤 문제도 해결되지 않으며, 어떤 대답도 최종적이지 않다는 것을 우리에게 알려 줘요. 왜냐하면 이것이 인간의 본성이 원하는 것이기 때문이에요. 니체는 인간을 '아직 안정되지 않은 동물'이라고 정의했어요. 끊임없이 질문해서, 게으른 생각 속에 편안하게 웅크린 채 우리가 사는 세계, 무엇보다 미디어가 매일 우리에게 알려 주는 세상의 급속한 변화를 이해하지 못하게 하는 관념을 움직여야 해요.

비판적 분별력은 세상을 이해하는 데 필요한 새로운 생각을 알 수 있게 합니다. 미디어는 비판적 분별력을 주지 않고 매일 정보를 제공해요. 우리는 세상에서 길을 잃지 않기 위한 최소한의 생각만 갖고 있어요. 우리가 어떤 세계에 있는지 이해하지 못한 채 세상에 존재하는 것은 자신을 세상에서 멀어지게 하는 길, 즉 산만하지도 무관심하지도 음울하지도 않은 어리둥절한 관중으로만 세상에 존재하는 길이에요.

자기 관념을 비판하는 철학

이 세상에서 적극적이고 참여적인 존재로 살고 싶나요? 그렇다면 개인적이든 집단적이든, 관념을 재검토하고 비판해야 해요. 왜냐하면 문제는 삶 안에 있고, 삶은 삶을 해석하는 관념까지 논의하기를 원하기 때문이에요. 관념을 돌아보는 것 외에 아이들에게 자신의 관념을 비판하는 훈련도 필요해요.

비판(Critica)은 그리스어 '크리노(kríno)'를 가리키는 단어로 '판단하다', '평가하다', '해석하다'라는 뜻을 가졌어요. 판단하고 평가하면서 관념에 위기가 닥칠 수 있어요. 지금까지 삶을 규제했던 관념이 변화하는 세상을 이해하는 데 더 이상 적합하지 않을 수 있거든요. 위기에 마음을 열 용기가 없어 지금까지 자기 삶을 이끌어 온 관념을 포기하는 사람은 마음의 평화를 얻지 못하고, 더는 이해하지 못하거나 방향을 잡지 못하는 사람들에게 전형적으로 나타나는 불안에 노출되고 말아요.

철학이 습관, 과도한 실천과 공유 때문에, 그리고 생각을 게을리하기 때문에 점차 굳어져 낡은 관념을 계속 고쳐 나가는 것이라면, 아이들에게 철학을 자주 가르치는 것이 유용하지 않을까요? 그 과정에서 아이들은 게임을 할 때와 마찬가지로 관념을 해체하고 재조립하고 교체하고 변경하는 것을 배울 거예요. 정신은 관념을 가지고 노는 것을 좋아하고, 금방 사라지지 않을 관념을 발견하는 모험을 시작하려 해요. 관념은 수정처럼 깨지기 쉽지만, 때로는 정신의 지평을 넓히고 우리가 더 관대하게 더 개방적으로 이해하며 살아가게 하는 힘을 갖고 있기 때문이에요.

만물의 기원
밀레토스의 탈레스

산, 별, 동물, 여러분의 생각. 한마디로 모든 만물이 어디에서 왔는지 궁금한 적 있나요? 탈레스는 만물의 기원을 궁리한 첫 번째 사람이었어요. 이것 혹은 저것의 기원을 찾는 과학과 달리 모든 만물의 기원을 찾는 철학이 탄생한 것은 바로 탈레스와 함께였어요. 철학은 그 너머에 아무것도 존재하지 않는 전체를 다루고, 가장 다양하고 상반되는 것까지도 포함하는 세상 만물의 통일성을 추구해요.

탈레스는 자연을 관찰하면서 모든 것의 시작은 물이라고 생각했어요. 그런데 왜 물일까요? 물이 없으면 금붕어는 살 수 없고 세상의 모든 식물도 말라 버릴 거예요. 낙타의 혹에 물이 충분하지 않다면 어떻게 사막을 건널 수 있겠어요? 인간도 물을 마시지 않고는 살 수 없어요. 물은 생명을 유지하는 데 정말 중요한 것 같아요. 탈레스는 물이 자연의 요소일 뿐만 아니라 강물이 흐르게 하거나 씨앗을 식물로 변화시키는 힘도 있다고 생각했어요.

눈, 얼음, 증기, 습기 등 물이 취할 수 있는 모든 형태에 대해 생각해 봐요. 세계에서 가장 습한 곳 중 하나인 아마존 숲은 식물의 종류가 다양해 '세계의 허파'라고도 불려요. 이런 점에서도 물은 생명과 연결돼요. 숨을 쉬기 위해서는 폐가 필요하고, 살기 위해서는 호흡이 필요하기 때문이에요. 탈레스의 주장이 옳은지 아닌지와 관계없이 탈레스가 중요한 이유는 모든 것의 기원에 대해 가장 먼저 물었다는 거예요.

탈레스(기원전 7~기원전 6세기)는 서양 역사상 최초의 철학자이자 천문학자이자 수학자예요. 탈레스는 새로운 철학적 연구, 즉 자연 요소의 기원과 연결되어 있어요.

탈레스처럼 해 봐요
만물의 공통점을 고른다면 무엇을 선택하겠어요?

한계가 없다
아낙시만드로스

나비는 원래 애벌레라는 사실을 알고 있나요? 고치 안에서 애벌레는 번데기가 되고, 마침내 고치가 열려 그림처럼 멋진 날개를 가진 나비가 나와요. 나비는 이미 존재했던 것에서 태어나는 거죠.

아낙시만드로스는 생각했어요. 모든 것의 기원은 이미 자연에 존재하는 것이 될 수 없다고요. 그것은 누구를 껴안거나 누구에게 안기지 않는 이상한 포옹 같은 거예요. 아낙시만드로스는 이 이상한 포옹에 아페이론(Ápeiron), 즉 '한계 없는'이라는 이상한 이름을 붙였어요. 이 단어는 모양이나 색깔을 부여할 수 없는 것, 생각조차 할 수 없는 것, 이전에 없었다가 태어난 것을 의미해요. 어떤 것과도 비슷하지 않은 것, 그래서 어떤 것과도 다를 수 없는 것, 어디에도 없는 것을 의미해요. 아페이론이라는 이상한 이름으로 이 이상한 포옹을 설명하지 못했다고 느낀다면, 그 의미를 이해했다는 뜻이에요!

항상 움직이는 아페이론에는 매우 강력한 힘이 있어요. 그 힘이 열기와 냉기가 발생하는 소용돌이를 만들어 자연과 우주에 존재하는 모든 것에 생명을 불어넣어요. 열기는 태양, 달, 별을 만들고 냉기는 땅, 물, 공기를 만들어요. 비는 열기와 냉기가 섞일 때 발생해요. 이 모든 것은 아페이론의 포옹처럼 서로를 포옹하지 않고 오히려 서로 부당하게 자신을 강요해요. 다행히 그 어떤 것도 성공하지 못해요. 그렇지 않으면 낮이 없는 끝없는 여름, 밤이 없는 끝없는 겨울, 결코 나비가 되지 않는 애벌레와 같은 이상한 일이 생길 거예요!

아낙시만드로스(기원전 610~기원전 545)는 최초의 그리스 철학자 중 한 명이에요. 그는 모든 것의 근원이 무엇인지 설명하기 위해 자연을 관찰하고 연구했어요. 또한 지구가 우주에 떠 있다는 가설을 최초로 제시했어요.

아낙시만드로스에게 도전해 봐요
모양도 없고 색깔도 없고 어디에도 없는 것이 어떻게 존재하는 모든 것을 낳을 수 있을까요?

비어 있음의 중요성
노자

리본과 화려한 종이로 포장된 선물 상자를 한번 상상해 봐요. 이제 열어 볼 시간이고…… 와! 상자를 열어 보니 아무것도 없어요. 이게 무슨 장난일까요? 아무것도 없는 게 아니라 빈 상자라고 말한들 무슨 소용이 있을까요? 비어 있음에 대해 생각해 본 적 있나요? 노자에게 비어 있음은 매우 중요해요. 노자는 꽃병을 예로 들어 말했어요. 꽃병의 유용성은 꽃병 내부의 비어 있음에 있다고요. 그래요, 도공이 꽃병 모형을 만들 때 내부를 점토로 채웠다면 어떻게 꽃병으로 사용할 수 있겠어요?

방을 떠올려 봐요. 문과 창문에 구멍이 없으면 공기나 빛이 들어갈 수 없고, 우리도 방에 들어갈 수 없어요. 그러므로 비어 있음은 매우 귀중한 것 같아요! 노자에게는 가득 찬 것보다 비어 있는 게 더 중요했어요.

노자는 조금 다르게 생각했어요. 일반적으로 물건이 가득한 집이 물건이 없는 집보다 가치 있고, 지식이 많은 사람이 아무것도 모르는 사람보다 가치 있고, 일이 많은 삶이 일이 없는 삶보다 가치 있다고 믿어요. 그러나 노자는 비어 있을수록 더 좋다고 해요. 만약 우리가 입고 싶은 옷, 보고 싶은 사람으로 가득 찬 채 잠에서 깨어난다면…… 무슨 일이 일어나도 가진 것에 관심을 두지 않을 거예요. 대신 아무것도 없는 상태에서 깨어나면 모든 것을 알아차릴 거예요. 아주 작은 것까지도요. 비어 있다는 것은 뭔가 빠져 있다는 뜻이 아니라 창문처럼 열려 있다는 뜻이에요. 들어오고 나가고 순환하는 빛, 어둠, 공기에 열려 있는 거예요.

노자(기원전 6~기원전 5세기)는 동양 교리 중 하나인 도교의 아버지예요. 노자의 모습은 전설로 남아 있어요. 중국에서 태어난 노자는 위대한 학자였고 많은 제자를 두었어요.

노자와 함께 생각해 봐요
상자에 모래를 채우고 드럼처럼 연주해 봐요. 그다음에는 상자를 비우고 다시 연주해 봐요.
차이점이 있나요? 차이가 있다면 무엇인가요?

모든 것은 숫자다
피타고라스

수학은 골치 아파서 차라리 숫자가 없으면 좋겠다고 생각하나요? 하지만 숫자 없이는 숨바꼭질도 할 수 없어요! 피타고라스에게 '모든 것은 숫자'예요! 그에게는 주변의 모든 것이 숫자와 숫자의 관계로 구성되어 있기 때문이에요. 피타고라스는 숫자를 표기하기 위해 땅에 돌멩이를 놓고 형상을 만들었어요. 숫자 '6'을 표기하려면 그냥 '6'이라고 쓰면 되기 때문에, 이는 이상하게 보일 수 있어요. 피타고라스는 돌멩이를 순서대로 배열해 첫 번째 줄에 세 개, 두 번째 줄에 두 개, 세 번째 줄에 한 개를 배치하거나 세 개씩 두 줄을 만들었어요. 피타고라스는 그것들을 관찰하며 '6'이 삼각수인 동시에 사각수일 수도 있다는 것을 발견했어요.

피타고라스는 숫자에 고유한 특성이 있어서 어떤 숫자는 다른 숫자보다 더 특별하다고 생각했어요. 또 숫자의 모양과 순서가 음악을 창조하는 것처럼 자연의 조화를 만든다는 것을 깨달았어요. 망치로 쇠를 두드리는 대장장이의 모습을 관찰한 피타고라스는 망치의 무게 사이에 일정한 수치적 관계가 있을 때 철컹거리는 소리가 듣기 좋다는 것을 발견했어요. 예를 들어 어떤 망치의 소리는 무게가 절반인 다른 망치의 소리에 가까웠을 때, 즉 소리 비율이 2 대 1일 때 아름다웠어요. 음표들 사이에도 같은 관계가 발견돼요. 숫자는 어디에나 숨어 있어요. 숫자는 여러분이 좋아하는 음악에도 있어요. 음악에 감동했다면 숫자 덕분이기도 하다는 것을 지금 알았을 거예요!

피타고라스(기원전 570?~기원전 495?)는 자신의 이름을 딴 유명한 수학 공식을 만들었어요. 피타고라스의 학교에서는 숫자 공부뿐 아니라 영혼을 깨끗하게 하는 지식이 중요하다고 가르쳤어요.

피타고라스처럼 해 봐요
'10'을 삼각형 숫자로 그려 봐요.
피타고라스학파가 신성시한 완전수인 '테트라크티스'(삼각수)가 나올 거예요.

행복의 구원자
싯다르타

고타마 싯다르타는 최초의 부처예요. 부처는 '깨달은 자'라는 뜻을 가졌어요. 왕이었던 싯다르타는 우연히 왕궁을 나왔다가 사람들의 고통을 목격하고 깊은 인상을 받았어요. 싯다르타는 고통이 어디에서 왔는지, 어떻게 극복해야 하는지 알기 위해 모든 것을 버리고 떠났어요. 그는 고통의 원인이 욕망과 이기심에 있다는 것을 발견했고, 거기서부터 행복에 이르는 길을 찾아 부처가 되었어요.

여러분을 고통스럽게 만드는 것은 무엇인가요? 갖고 싶은 모자가 있는데 살 수 없다고요? 친구가 다른 아이와 노는 것을 더 좋아한다고요? 열이 나서 영화관에 못 간다고요? 원하는 모자를 쓰고 친구와 놀러 가거나 영화관에 갈 수 있다면 행복할 거라고 생각하겠지요. 그러나 곧 더 마음에 드는 모자를 원할 것이고, 친구는 원하는 대로 해 주지 않을 것이고, 영화가 마음에 들지 않을 수 있어요. 여러분은 또 다른 것에 대해 불평할 것이고, 이대로라면 전혀 행복하지 않을 거예요.

부처에 따르면 탐욕스럽게 욕망하며 시간을 보내는 것은 물을 움켜잡기 위해 바다에서 손을 휘젓는 것과 같아요. 움켜잡으려 할수록 물속으로 가라앉아요. 내면을 다잡아야 한다는 것을 안다면, 물에 떠 있을 수도 있고 헤엄을 칠 수도 있을 거예요. 부처는 모든 것이 덧없다고, 즉 시간이 지나도 오래 계속되는 것은 아무것도 없다고 했어요. 가르침은 우리가 세상을 다른 시각으로 보게 하고, 그 순간 우리가 원한 것이 아니더라도 모든 것을 아름다운 선물로 받아들이게 합니다.

싯다르타(기원전 6~기원전 5세기)는 승려이자 철학자, 신비주의자였어요. 그는 불교의 근간이 되는 사성제, 즉 전 세계에 널리 퍼져 있는 철학인 불교 교리를 발견했어요.

싯다르타와 함께 생각해 봐요
여러분이 놓친 어떤 것 때문에 마음이 슬퍼질 때,
슬퍼하지 말고 여러분이 가진 것에 대해 감사해 봐요.

공자

부모님께 말대꾸한 적 있나요? 그것은 부모님에 대한 존경심이 부족하다는 것을 의미해요. 공자는 말대꾸는 버릇없는 행동이라고, 즉 올바른 자식의 행동이 아니라고 말할 거예요. 우리는 다른 사람들을 바르게 대해야 해요. 공자는 관계의 사다리를 따르라고 말해요. 이 사다리에 있는 두 사람은 결코 같은 단계에 있지 않아요. 사다리 아래에 있는 사람은 위에 있는 사람을 존경해야 하고, 위에 있는 사람은 아래 사람의 좋은 안내자가 되어야 해요. 좋은 사람이 되고 싶으면 부모님, 형, 여러분보다 나이가 많거나 아는 것이 많은 친구, 선생님에게 존경, 의리, 신뢰를 표현해야 해요. 만약 여동생이 있으면 보살펴야 하고요.

공자는 모든 사람이 관계의 사다리에서 자신의 역할을 할 때 사회가 조화롭게 돌아간다고 생각했어요. 사람들이 제멋대로 관계의 사다리 계단을 오르내리면 얼마나 큰 재앙이 찾아올까요? 여러분이 엄마를 누나처럼 대한다면 어떨까요? 직장에서 아버지가 상사를 어린 아들처럼 대한다면요?

공자는 가족 안에서 관계를 배우는 것이 중요하다고 생각했어요. 우리가 살아가는 사회는 대가족과 같기 때문이에요. 가장 위에 있는 사람은 사랑하는 아버지와 같고, 가장 아래에 있는 사람은 부모를 공경하는 자식과 같아요. 그것은 군인처럼 복종하거나 장군처럼 명령하는 관계가 아니에요. 가정의 가장 중요한 요소는 사랑이에요. 공자는 이것을 '인(仁)'이라고 부르는데, 인은 여러분이 사다리의 어느 단계에 있든 더 나은 사람으로 만들어요.

공자(기원전 6세기)는 정의롭고 조화로운 사회를 상상하는 데 평생을 바쳤어요. 그에 따르면 선조들이 물려준 규칙과 역할을 존중하고 본받아야 더 나은 사람이 될 수 있어요.

공자에게 도전해 봐요
선생님이 책상 앞에 앉아 있고, 학생이 교단에 올라가는 모습을 상상해 봐요.
정말 큰일일까요, 아니면 다른 좋은 측면이 있을까요?

에페소스의 헤라클레이토스

모처럼 즐거운 저녁 시간이라 다음 날까지 쭉 놀고 싶은데, 피곤해서 잠들기도 해요. 반대로 너무나 피곤해서 열두 시간 동안 자고 싶지만 못 잘 수도 있고요. 잠과 깨어 있음 사이에는 항상 전쟁이 벌어지고 있는 것 같아요. 마치 한쪽이 다른 쪽을 이기고 싶어 하는 줄다리기처럼요. 헤라클레이토스에게 잠과 깨어 있음이라는 한 쌍은 매우 특별해요. 두 가지가 다른 정도가 아니라 정확히 반대되기 때문이에요. 상반된 한 쌍은 적이어서 전쟁을 벌이지요.

그 줄다리기에서는 어느 쪽도 이기지 못해요. 한쪽이 있으면 다른 쪽이 없는 것처럼 보여요. 사실 잠을 자면 깨어 있지 않고, 깨어 있으면 잠을 자지 않는 것 같죠. 그런데 상황은 그렇지 않아요. 자는 동안 깨어 있음은 줄을 놓지 않고, 오히려 자신 쪽으로 줄을 끌어당기기 위해 힘을 재충전하고 있기 때문이에요. 이러한 밀고 당김에도 불구하고 잠과 깨어 있음은 분리될 수 없어요. 잠이 없다면 깨어 있다는 사실조차 깨닫지 못해요. 왜냐하면 항상 눈을 뜨고 사는 것 외에 다른 방법을 알지 못할 것이기 때문이에요.

헤라클레이토스는 세상이 상반된 쌍으로 가득 차 있다고 말해요. 낮과 밤, 건강과 질병, 배고픔과 포만감…… 그 전쟁 덕분에 모든 것이 계속 변하는 거예요. 잠에서 깨어나고, 밤은 낮이 되는 식으로 매번 변화하지요. 상반된 한 쌍은 평생의 적과 같아서 서로를 패배시키려 하지만, 절대로 상대를 없앨 수 없어요. 다른 하나가 없으면 존재할 수 없기 때문이에요.

에페소스의 헤라클레이토스(기원전 6~기원전 5세기)는 '변화의 철학자'로 알려져 있어요. 헤라클레이토스의 말마따나 모든 것은 끊임없이 변하기 때문이에요. 그의 사상을 이해하기가 쉽지 않아서 사람들은 그를 '어두운 사람'이라고 부르기도 했어요.

헤라클레이토스처럼 생각해 봐요
낮과 밤처럼 상반된 한 쌍을 떠올려 봐요. 낮이 밤을 영원히 이긴다면 무슨 일이 일어날까요?

변화는 존재하지 않는다
파르메니데스

친구가 생일 파티를 열었고, 친구에게 아름다운 무지갯빛 훌라후프를 선물했어요. 친구들과 누가 훌라후프를 많이 돌리는지 시합하기로 했죠. 그런데 안타깝게도 훌라후프가 부러져 시합을 이어 갈 수 없게 되었어요. 이때 둘로 쪼개진 훌라후프 고리를 보고 좋은 생각이 떠올랐어요. 훌라후프 고리를 줄로 연결하면 활쏘기를 할 수 있는 활이 된다는 거였어요! 이제 훌라후프는 활이 되었어요. 그런데 이 활은 여전히 훌라후프일까요, 아니면 활이 되어 훌라후프가 아닐까요?

파르메니데스는 어떤 것이 다른 어떤 것이 될 수 없다고 믿었기 때문에 생성은 존재하지 않는다고 말했어요. 그런데 훌라후프가 활이 된 것을 여러분은 직접 눈으로 보았어요. 파르메니데스에 따르면 감각은 모든 것이 변한다는 것을 보여 주기 때문에, 감각에만 의존할 수 없고 생각을 사용해야 해요. 생각함으로써 생각하는 것이 존재하는 것과 일치해야 한다는 것을 깨달아요. 생각하지 않으면 존재하는 것을 생각할 수 없고, 어떤 것을 생각할 수 없다면 그 어떤 것은 존재하지 않는 거예요!

훌라후프를 생각하면, 특정 방식으로 만들어진 어떤 존재를 생각하는 거예요. 활도 마찬가지예요. 어떤 것도 그 자체 외에 다른 것이 될 수 없어요. 활은 활로 남아 있고, 훌라후프는 부러져도 훌라후프로 남아 있어요. 훌라후프는 훌라후프인 동시에 훌라후프가 아닌 것이 될 수 없어요. 훌라후프라면 훌라후프가 아닐 수 없고, 훌라후프가 아니면 훌라후프일 수 없어요! 말장난처럼 보이지만 파르메니데스는 정말로 그렇게 생각했어요.

> 파르메니데스(기원전 6세기)는 철학자이자 입법가이자 정치가였어요. 그는 제자 제논과 함께 학교를 세웠어요. 플라톤에 따르면 그는 말년에 아테네로 가서 소크라테스를 만났어요.

파르메니데스와 함께 생각해 봐요
꽃병이 산산이 부서졌어요. 조각난 꽃병을 보면서 무슨 생각이 드나요?
그건 꽃병일까요, 아니면 수많은 조각일까요?

조화와 다툼
엠페도클레스

누군가와 함께 잠을 잘 때가 있나요? 마치 공처럼 꼭 끌어안고 하나로 붙어서요. 엠페도클레스에게 이러한 존재 방식은 태초의 세계와 비슷해요. 태초에는 세계를 형성하는 공기, 물, 땅, 불이라는 네 가지 요소가 아주 밀접하게 결합해 있었어요. 그래서 하나가 어디에 있고 다른 하나가 어디에 있는지 알 수 없었어요. 조화가 지배하며 모든 것이 움직이지 않았어요.

다툼이 일어났을 때, 네 가지 요소가 충돌하고 분리되기 시작했어요. 그렇게 인간을 포함해 존재하는 모든 것에 생명을 불어넣었어요. 아침이 왔을 때, 꼭 끌어안고 잔 형제에게 일어나는 일처럼요. 끌어안고 잔 형제를 불편하다고 느끼게 만든 것은 바로 다툼이에요. 형제는 마치 경주하듯 각자의 공간을 찾아야 하고, 각기 다른 사람이라는 것이 분명해질 때까지 팔다리를 펴고 스트레칭을 해야 하기 때문이에요. 생명은 조화와 다툼이 활발한 관계 속에서 살아야 해요.

그러나 다툼이 폭력으로 변하면 조화는 사라져요. 전쟁은 모든 것을 파괴하지요. 공기, 물, 땅, 불이라는 네 가지 요소는 서로를 미워해요. 물은 물과 있고 싶고 공기는 오직 공기와 있고자 하며, 그 혼합물에서 태어난 모든 것은 우리를 포함해서 사라지고 말지요. 엠페도클레스에 따르면 세상이 순환하기 때문에 이것은 조만간 일어날 일이에요. 그러나 완전한 파괴에서 조화는 다시 돌아올 거예요. 형제가 다투어도 저녁 무렵이면 화해하고 꼭 끌어안은 채 다시 잠들고, 새로운 날과 함께 인생의 또 다른 장과 또 다른 세상이 시작될 거예요.

엠페도클레스(기원전 5세기)는 예언자이자 마술사이자 치료자였어요. 그는 공기, 물, 땅, 불이라는 영원한 원리가 있으며, 그 네 가지가 움직이면서 세상의 모든 것이 발생한다고 생각했어요.

엠페도클레스처럼 해 봐요
등장인물들이 사이좋게 어울리는 이야기를 만들어 봐요.
그리고 늘 전쟁 중인 이야기를 만들어 봐요. 어느 이야기가 더 재미있나요?

전속력으로 달리는 거북이
엘레아의 제논

철학자는 종종 터무니없는 추론을 해요. 처음에는 논리적이지 않은 것 같지만 나중에는 타당성이 증명되지요. 그것을 흔히 '역설'이라 부르는데 엘레아의 제논은 역설의 전문가였어요. 가장 유명한 역설 중 하나는 이거예요. 발이 매우 빠른 영웅 아킬레스가 거북이에게 도전하며 거북이에게 약간의 이점을 준다면, 누가 경주에서 승리할까요? 제논은 아킬레스가 거북이를 따라잡는 데 걸린 시간 동안 거북이가 조금 더 이동해 A 지점으로 갔다고 생각해요. 아킬레스는 거북이가 도착한 지점 A에 도착할 거예요. 하지만 도착한 순간 거북이는 그곳에 없어요. 거북이는 조금 더 전진해서 B 지점에 가 있을 것이기 때문이에요.

이런 식으로는 계산이 되지 않아요. 왜냐하면 아킬레스는 거북이가 먼저 도착한 지점에 도달해야 하고, 그동안 거북이는 이미 앞으로 나아갔을 거예요. 아킬레스는 결코 거북이를 따라잡을 수 없을 거고요! 아킬레스가 경주에서 이기지 못할 거라고 제논은 확신했어요.

역설은 마치 퍼즐과 같아요. 오류를 찾으려면 머리를 써야 하지요. 그래요, 분명 어딘가에 오류가 있을 거예요. 터무니없는 결론은 사실일 수 없어요. 역설이 바로 그래요. 역설은 일반적인 경험이 우리에게 가르쳐 준 모든 것과 모순되지만, 역설을 만들다 보면 우리에게 논리적으로 보인다는 거예요.

제논(기원전 5세기)은 파르메니데스가 세운 엘레아 학교의 일원이었지만, 그가 어떻게 살았는지는 잘 알려져 있지 않아요. 그는 추론 능력이 뛰어났고, '역설'을 만들어 유명해졌어요.

제논과 함께 생각해 봐요
스스로 면도하지 못하는 사람들이 모인 마을이 있어요. 이 마을 사람들 모두를 면도해 주는 마을 이발사는 스스로 면도할까요, 아니면 면도하지 않을까요?

진짜 청동 꽃병
소크라테스

소크라테스는 다른 사람들을 가만히 놓아두지 않아서 아테네인들에게 정말 귀찮은 존재로 여겨졌어요. 소크라테스는 무엇으로 사람들을 귀찮게 했을까요? 바로 '질문'이었어요. 질문은 모르는 것을 알기 위해 묻는 거예요. 소크라테스는 대답이 마음에 들지 않을 때 계속 질문해서 사람들을 생각하게 만들어요. 소크라테스는 "나는 내가 아무것도 모른다는 것을 안다"라고 말했어요. 단 하나의 중요한 확신을 가지고, 소크라테스는 사람들에게 질문하며 작은 혁명을 일으켰어요.

소크라테스는 "무엇입니까?"라고 물었어요. 아름다움을 주제로 토론할 때는 이렇게 물었어요. "아름다움에 대한 당신의 생각은 어디에서 왔습니까? 당신에게 아름다움을 보여 준 예술가로부터? 모든 사람이 생각하는 아름다움에서? 아니면 당신의 생각을 뒷받침하는 확고한 주장이 있다는 사실에서? 오직 이 경우에만 당신의 생각을 진실로 받아들일 수 있습니다. 나는 가르칠 것이 없지만 여러분의 생각을 들으면서 어떤 것은 타당한 이유가 있고, 어떤 것은 그렇지 않은지 말할 수 있습니다. 손가락 마디로 꽃병을 두드려 검증하는 사람처럼 어느 것이 진짜 청동 꽃병이고, 어느 것이 아닌지 알 수 있습니다."

소크라테스와 대화한 사람들은 자신이 현명하다고 믿었다가 대화하면서 자신이 무지하다는 것을 알게 되었어요. 이것이 소크라테스가 많은 사람을 짜증 나게 한 이유예요. 그러나 수많은 사람이 소크라테스와 대화하기 위해 경쟁했어요. 소크라테스의 질문 방식이 진실을 찾고 진실을 꺼내는 데 도움이 되었기 때문이에요. 일단 이 진실을 찾는 방식을 시작하면 거기에 완전히 사로잡혀 멈출 수 없었죠!

그리스 철학자 소크라테스(기원전 470~기원전 399)는 진리를 찾기 위해 대화를 사용했기 때문에 글을 쓰지 않았어요. 그의 제자인 플라톤을 통해 소크라테스가 알려졌어요.

소크라테스에게 도전해 봐요
생각하기를 강요하는 소크라테스의 방식은 위험한 것으로 여겨졌어요.
소크라테스는 아테네 사람들에게 비난받았어요. 여러분도 이에 동의하나요?

데모크리토스

손가락에 잡히지 않아 더 이상 찢을 수 없을 때까지 종이를 두 장, 네 장으로 찢는 놀이를 한 적이 있나요? 데모크리토스는 만물이 어떻게 만들어지는지 이해하고 싶었어요. 그에 따르면 실제로 존재하는 것을 점점 더 작은 조각으로 분해하면 보이지 않고 나눌 수 없을 만큼 미세한 입자에 이른다고 해요. 그는 그 입자에 '더 이상 나눌 수 없음'을 뜻하는 그리스어인 '원자(atom)'라는 이름을 붙였어요.

데모크리토스는 모든 것이 원자로 구성되어 있다고 주장했는데, 이상한 점은 종이의 원자가 티셔츠의 원자나 파도의 원자와 같다는 거예요. 기본적으로 모든 것이 똑같은 원자라는 거죠! 사물이 각기 다른 이유는 원자가 어떤 때는 이런 방식으로, 또 어떤 때는 저런 방식으로 결합하고 분리되며 뭔가를 형성하거나 분해하기 때문이에요. 그러나 원자는 항상 거기에 있었고 앞으로도 그럴 거예요. 원자는 끊임없이 움직이기 때문에 변화만 볼 수 있어요.

주의할 점이 있어요. 모든 것이 원자로 만들어졌다고 말한 데모크리토스도 어떤 것은 원자가 아니라는 점을 인정해야 했어요. 생각해 봐요. 세상이 원자로 가득 차 있다면 원자들은 촘촘하게 뭉쳐서 움직이지 않고 서로 붙어 있을 거예요. 그런데 사물을 만들려면 여기저기 돌아다닐 수 있어야 해요.

데모크리토스의 주장이 타당해지려면 빈 공간, 즉 움직일 수 있는 공간도 존재해야 해요. 그러나 빈 공간이 또 다른 사물이라면, 원자로 이루어진 것이 아니라면 그것은 무엇일까요? 빈 공간은 무엇일까요, 아니면 아무것도 아닐까요?

데모크리토스(기원전 5세기)는 다양한 주제로 많은 작품을 썼어요. 그는 원자 이론으로 유명한데, 어떤 사람들은 그가 '현대 물리학의 선구자'라고 해요.

데모크리토스처럼 해 봐요
원자와 마찬가지로 음표에도 빈 공간이 필요해요.
정지와 리듬 없이 멜로디를 만들 수 있을까요? 한번 실험해 봐요.

의사와 정비공
히포크라테스

자동차에 연료가 필요한 것처럼, 몸이 움직이려면 당이 필요하기 때문에 아침 식사가 중요하다는 의사의 말을 들은 적이 있나요? 자동차 엔진이 과열되면 식혀야 하는 것처럼, 열이 나면 쉬어야 한다는 말을 들어 본 적 있나요? 그러고 보면 의사는 자동차가 아니라 우리의 몸을 다루는 정비공에 가까워요.

모든 의사는 환자를 치료하고, 고통과 죽음을 피하고자 최선을 다하겠다고 엄숙하게 다짐합니다. 모든 의사는 히포크라테스의 이름으로 그렇게 맹세하지요. 히포크라테스는 의사이자 철학자였고, 최초로 악의 원인을 찾아낸 사람이었어요. 히포크라테스는 생명이 심각한 문제이고, 아픈 몸을 치료하지 않으면 죽는다는 것을 알았기 때문에 신비한 의식과 몰약으로 환자를 치료하려는 이들을 비판했어요. 생명을 다루는 분야에서는 절대 무지하면 안 돼요. 연구하고, 경험을 수집하고, 환자의 말을 듣고, 증상을 인식해 적절한 치료법을 찾아야 하지요.

정비공이 소음을 통해 새 브레이크 페달이 필요하다는 사실을 알듯이, 의사는 몸의 신호를 읽고 질병의 원인을 파악해 올바른 치료법을 찾아요. 문제가 있으면 의사가 나서지만, 히포크라테스는 문제가 발생하지 않도록 미리 처방하는 사람이 훨씬 더 훌륭한 의사라고 말해요. 실제로 우리가 마시는 것, 먹는 음식, 주변 환경에 주의를 기울이는 등 일상생활에서 조금만 신경 써도 피할 수 있는 질병들이 있어요. 그래요, 의사는 여러분의 질병을 관리하지만 그보다 먼저 여러분의 건강을 걱정해 주는 사람이어야 해요.

히포크라테스(기원전 5세기)는 '의학의 아버지'예요. 그는 질병이 신성한 원인이 아니라 자연적 원인 때문에 생기고, 그것을 알아야 치유할 수 있다고 말했어요. 히포크라테스는 최초로 환경적 요인이 중요하다고 생각한 사람이었어요.

히포크라테스와 함께 생각해 봐요
의사가 자신의 맹세를 지키지 않는다면 어떻게 될까요?

그림자 동굴
플라톤

커다란 참나무 기슭에 있어요. 참나무 그림자만 보일 정도로 햇빛이 강해서 눈이 부셔요. 하지만 참나무 그림자는 진짜 참나무가 아니에요. 플라톤이 사물과 사물의 그림자에 관한 유명한 이야기를 썼다는 것을 알고 있나요?

죄수들은 지하 동굴에 쇠사슬로 묶여 안쪽 벽만 볼 수 있어요. 뒤쪽에서 횃불이 타오르고 있어요. 죄수들과 횃불 사이에서 다른 사람들이 물건을 나르는데, 불꽃에 비친 물건들은 동굴 안쪽 벽에 그림자로 비쳐요. 죄수들은 그 그림자가 실제 사물이라고 생각하지만, 어느 날 호기심 많은 죄수 한 명이 풀려나요. 오랫동안 어둠 속에 있었기 때문에 처음에는 햇빛에 눈이 부셔 주변의 사물을 알아볼 수 없어요. 천천히 눈이 빛에 익숙해지면서 그림자로만 본 실제 사물과 태양도 처음으로 보게 돼요. 그는 자신이 본 것에 기뻐하며 동굴로 돌아가 다른 죄수들에게 사물이 실제로 어떤지 알려 주었어요. 그러나 빛이 어두워 사물을 잘 구별하지 못하기 때문에 동료 죄수들은 그를 비웃고 계속해서 그림자를 믿으려 해요.

이 이야기는 사물을 첫눈에 보이는 대로 보는 사람과, 현실을 직시하는 데 더 큰 노력이 필요하더라도 겉모습 너머 실제 모습을 보고 싶어 하는 사람의 차이를 보여 줘요. 플라톤에 따르면 철학자의 임무는 명확해요. 일부 사람들은 여전히 그림자를 보는 데 만족하리라는 것을 알면서도, 모든 사람에게 겉모습 뒤에 숨은 것을 알 기회를 주는 거예요.

플라톤(기원전 428~기원전 348)은 아리스토텔레스와 함께 가장 위대한 고대 철학자로 손꼽혀요. 삼각형의 이데아가 삼각형의 사물을 인식하는 모형이듯이, 이데아는 사물이 만들어지는 모방 모형이라고 말한 사람이 바로 플라톤이에요.

플라톤에게 도전해 봐요
같은 방식으로 만들어진 것처럼 보이지만,
가까이에서 보면 서로 다른 물건 세 가지를 찾아봐요.

50

통 속에 사는 남자
시노페의 디오게네스

말만 앞서고 실제 행동이 필요할 때는 아무것도 하지 않는 사람들을 만난 적이 있을 거예요. 디오게네스는 자신이 말한 그대로 행동했어요. 그는 권력과 부를 욕심 내고 많은 물건과 안락함을 갖는 것은 우리를 자유롭게 하지 못하며, 따라서 행복하지 못하게 한다고 확신했어요. 디오게네스는 등불을 들고 열심히 사람을 찾아다녔어요. 진지하게 살아갈 수 있는 사람을요.

사람이 어떻게 물건 없이 살 수 있는지 궁금할 거예요. 텔레비전도 책도 침대도, 심지어 집도 없는 자신을 상상해 봐요. 그런데 디오게네스는 집이 없었을까요? 음…… 아니에요! 그는 통 안에서 살았어요. 그런데 통 안에 혼자 간신히 들어갈 수 있었다면 물건을 어디에 놓아두었을까요? 간단해요. 그는 물건이 필요하지 않았어요. 손으로 물을 떠 마실 수 있는데 컵이 무슨 필요가 있겠어요?

어느 날 알렉산드로스 대왕이 디오게네스를 찾아갔어요. 알렉산드로스 대왕은 디오게네스에게 선물을 주고 싶었어요. 영광이었을 거예요! 디오게네스는 알렉산드로스 대왕에게 무엇을 요구했을까요? "햇빛을 원합니다!" 디오게네스가 소리쳤어요. 알렉산드로스 대왕이 그의 앞에 서서 그림자를 드리웠기 때문이에요. 그것은 곧 '귀찮으니까 거기서 꺼져!'라고 말한 것과 같았어요. 디오게네스는 가진 것이 없고 잃을 것도 없었기 때문에 그렇게 말할 수 있었어요. 디오게네스에 따르면 어떤 것에 확신을 가질 때 우리는 우리의 모든 것, 우리가 말하는 것, 특히 우리의 행동으로 그것을 뒷받침해야 해요. 이것을 '일관성'이라고 부를 수 있을까요?

스승인 안티스테네스와 함께 디오게네스(기원전 4세기)는 견유학파(자연스러운 삶을 추구한 고대 그리스 철학의 학파-옮긴이)의 창시자예요. 디오게네스는 쾌락과 편안함이 없는 소박한 삶을 추구했어요.

디오게네스처럼 해 봐요
그 물건이 없으면 아무것도 할 수 없나요?
하루 동안 그것 없이 살아 보고 무슨 일이 일어나는지 알아봐요.

아리스토텔레스

나이가 들면 아는 것이 많아져요. 아이들은 아직 알아야 할 것이 많아서 질문도 많아요. "이게 뭐예요?" 온도 조절기나 자동차 미터기를 가리키며 물으면, 엄마가 그것이 무엇이고 어떻게 사용하는지 설명해 줘요. 여러분도 어린아이를 똑같이 대해요. 식탁에서 아이가 포크로 머리를 빗거나 접시를 때리면, 포크는 빗도 아니고 드럼스틱도 아니라고 가르쳐 주죠!

여러분은 아리스토텔레스가 제시한 비모순의 원칙, 즉 하나는 그것일 뿐이고 다른 것이 아니라는 원리를 적용하고 있는 거예요. 포크는 식기이고 '모든 포크가 식기'라면 '어떤 포크는 식기가 아니다'라고 말할 수 없어요. 포크가 빗이나 드럼스틱일 수 없는 거예요. 실제로 앞의 두 문장에서 첫 번째 문장이 참이면 두 번째 문장은 틀림없이 거짓이고, 두 번째 문장이 참이면 첫 번째 문장은 틀림없이 거짓이라는 것을 알게 되죠.

요컨대 비모순의 원칙은 사물을 혼동하거나 섞어서는 안 되며, 이를 존중하지 않으면 혼돈 속에서 위험하게 살게 된다는 거예요. 아이가 포크로 접시를 깨뜨릴 수도 있고, 자기 몸을 찌를 수도 있거든요! 아리스토텔레스에게는 사물을 정의하는 것, 즉 사물에 정확한 경계를 정하는 것이 매우 중요했어요. 우리가 사물에 경계를 정하지 않으면 모든 사람이, 예를 들어 헬멧 대신 냄비를 사용하거나 슈퍼맨의 망토인양 이불을 쓰고 꿈처럼 날려고 할 수 있기 때문이에요. 사물은 정의되어야 하고, 결코 혼합되어서는 안 돼요. 꿈과 현실을 혼동해서는 더더욱 안 돼요.

플라톤의 제자인 아리스토텔레스(기원전 4세기)는 진정한 지식 백과사전을 만들었어요. 아리스토텔레스에게 철학은 어떤 결론에 도달하기 위해 특정한 방법이 필요한, 현실을 알고자 하는 우리의 욕구에 응답하는 과학적 활동이에요.

아리스토텔레스에게 도전해 봐요
『이상한 나라의 앨리스』의 주인공 앨리스는 크로케 경기를 하다가 자신의 채가 홍학이라는 것을 발견했어요. 아리스토텔레스는 이를 보고 뭐라고 말할까요?

절시

유리잔

보석함

포크

행복 치료제
에피쿠로스

해피 엔딩으로 끝나는, 조금은 슬픈 이야기를 들려주고 싶어요. 어린아이가 안락의자에 앉아 책을 읽는 아빠의 무릎 위로 올라가 아빠의 가슴에 머리를 기댔어요. 아이는 가슴에 귀를 대고 심장 박동 수를 세기 시작했어요. "심장은 어떻게 뛰는 거예요?" 아이가 물었어요. 아빠는 손을 폈다 접었다 하며 "바로 이렇게"라고 대답했어요. 아이는 또 다른 질문이 떠올랐어요. "심장은 지치지 않고 뛰어요?" "물론이지. 하지만 오랜 시간이 지나면 심장이 지치기도 한단다." 아빠가 대답하자 아이가 조금 걱정하며 물었어요. "심장이 피곤해지면 어떻게 되나요?" 아빠는 대답했어요. "우리는 언젠가 죽지만 두려워할 일은 아니란다."

아빠는 에피쿠로스의 말이 생각났어요. 에피쿠로스는 즐거운 일을 하면 고통과 두려움을 떨쳐 내는 데 도움이 된다고 말했거든요. 그렇게 우리는 행복할 수 있어요. 하지만 우리를 두렵게 하는 것이 죽음이라면 행복해지기 어려울 수 있어요. 에피쿠로스의 말을 들어 봐요. 죽음은 여러분 너머에 있어요. 여러분이 있을 때 죽음은 없고, 죽음이 있을 때 여러분은 없기 때문이에요. 가장 친한 친구와 함께 놀이공원에 갔던 때를 떠올려 봐요. 놀이기구와 친구는 바로 그 순간 여러분과 같은 곳에 있었지만 죽음은 거기에 없었어요. 만약 죽음이 있었다면 여러분은 놀이기구를 즐기며 거기에 있지 못했을 거예요. 여러분과 죽음은 절대 같은 시간, 같은 장소에 있을 수 없어요. 죽음이 있을 때 여러분은 거기에 없고 여러분이 있을 때 죽음이 없는데, 어떻게 죽음이 여러분을 겁나게 하겠어요?

에피쿠로스(기원전 342~기원전 270)는 철학이 행복해지는 데 도움이 된다고 주장한 에피쿠로스주의의 창시자예요. 이 학파에 따르면 행복은 두려움과 혼란이 없는 '아타락시아'라고 해요.

에피쿠로스처럼 해 봐요
여러분을 두렵게 하는 것을 생각해 보고, 두려움을 없애는 약을 찾아봐요.

루키우스 안나이우스 세네카

여러분은 많은 사람을 알고 있나요? 학교 친구, 수영 친구, 연극 수업 친구 중에 '친구'라고 부를 만한 사람이 있나요? 그 이유를 말해 줄 수 있나요? 어쩌면 배를 잡고 깔깔 웃게 만들기 때문일 수도 있고, 혼자 있고 싶지 않을 때 옆에 있어 주기 때문일 수도 있어요. 우리는 어떤 이유로든 친구가 '필요하다'고 생각해요.

세네카는 그렇게 생각하지 않았어요. 세네카가 생각하기에, 어려운 일을 도와줄 누군가와 친구가 된다면 일이 끝났을 때 친구를 사귄 이유는 사라지고 우정도 끝나게 되니까요. 우정을 유용한 것으로 여겨서는 안 돼요. 그렇다면 그 우정은 쓸데없는 것일까요? 당연히 아니지요. 조금 혼란스러울 것 같지만 다음의 추론을 따라가 봐요. 여러분에게 유용하다는 이유로 누군가와 함께한다면, 여러분은 진정한 친구로서 행동하지 않은 거예요. 함께 있는 것만으로도 행복하고, 그 사람을 믿을 수 있다고 생각하는 것이 진정한 우정이에요.

세네카는 친구와 함께라면 무엇이든 할 수 있지만, 가장 먼저 해야 할 일은 그가 정말 친구인지 판단하는 것이라고 말했어요. 친구는 비를 피하게 해 주는 우산과 같은 것이 아니에요. 친구는 비가 오는 불쾌하고 불편한 상황에서도 안전함을 느끼게 해 주기 때문에 함께 있는 것이 좋은 사람이에요. 친구가 되려면 미덕, 즉 대가를 기대하지 않고 옳고 선한 일을 할 수 있는 능력이 필요해요.

세네카(기원전 4~서기 65)는 로마의 철학자이자 정치가였고, 활발하게 공적인 생활을 했어요. 또한 원로원 의원과 재무관을 지냈고, 네로 황제의 가정 교사였어요.

세네카와 함께 생각해 봐요
좋은 친구처럼 행동했던 때와 좋은 친구가 아니었던 때를 생각해 봐요.

별을 추적하는 탐정
히파티아

사건을 조사하기 위해 출동한 경찰이 범인을 찾아내고, 모든 것이 그들의 가설을 검증해 주는 듯한 추리물을 떠올려 볼래요? 상황을 다른 관점에서 보는 탐정이 등장해 그럴듯한 가설을 의심해요. 탐정은 경찰이 수사한 길을 추적하면서 진실이 아니라는 것을 깨닫지요.

히파티아는 별들을 추적하는 탐정 같았어요! 히파티아가 살았던 시대에는 지구가 우주의 중심에 가만히 멈춰 있고, 태양이 원을 그리며 지구 주위를 회전한다고 믿었어요. 원은 완벽함을 상징하는 이미지였고요.

처음에는 히파티아도 그렇게 믿었어요. 그러나 히파티아는 진실을 의심했고, 모든 사람이 옳다고 믿는 이론을 시험했어요. 그러면서 태양이 우주의 중심에 있고 지구가 태양 주위를 돌면서 타원을 그린다는 사실과, 중심이 하나만 있지 않아 다소 특별한 원을 그린다는 사실을 발견했어요. 땅과 하늘 사이의 길이 일방통행이 아니라고 확신한 히파티아는 하늘을 다른 관점에서 바라보았고, 하늘을 땅에서 인간 사이에 일어나는 일의 거울로 보았어요.

하나 이상의 중심이 있는데도 하늘은 잘 돌아가요. 히파티아는 인간도 행성의 경로와 마찬가지로 특이한 방향을 취할 수 있지만, 경로를 그리면서 자신의 길을 찾을 수 있다고 이해했어요. 이것은 별들의 비밀스러운 완벽함이자 우리의 완벽함이기도 해요!

히파티아(370~415)는 서양 최초의 여성 철학자이자 천문학자이자 수학자였어요. 히파티아의 사상이 위험하다고 생각한 일부 기독교 광신자들이 그녀를 살해했어요.

히파티아처럼 해 봐요
하늘을 바라보고, 종이에 여러분의 별자리를 그리면서 별에 이름을 붙여 보세요.

히포의 아우구스티누스

절대로 흘려보내고 싶지 않은 아름다운 순간을 경험해 본 적이 있나요? 그런 순간이 영원히 지속되도록 현재에 머물고 싶을 거예요. 하지만 아름다운 순간은 떠나가요. 반면에 영원은 있는 그대로 존재하고, 절대로 사라지지 않고, 절대로 변하지 않는 현재와 같아요. 영원은 상상하기 어려워요. 히포의 아우구스티누스도 같은 생각을 했어요. 그는 영원은 오직 하느님께만 속한다고 믿었어요. 우리는 시간 속에 살고 있고, 그 시간만 이해할 수 있어요. 그러나 시간이 무엇인지 설명하기는 쉽지 않아요.

시간은 과거, 현재, 미래로 이루어져 있다고 학교에서 배웠지만 아우구스티누스는 이 생각을 확신하지 못했어요. 그는 과거가 더 이상 존재하지 않기 때문에 존재하지 않는다고 말했어요. 미래도 아직 일어나지 않았기 때문에 존재하지 않아요. 그렇다면 시간은 단지 현재일 뿐일까요? 아니요! 이 순간을 잡아 봐요. 이 책을 읽는 동안 순간은 이미 과거이고, 마지막 줄을 읽게 될 때는 미래가 될 거예요.

현재가 어떻게 가능할까요? 현재는 빠르게 지나가는 것일 뿐이에요! 이런 주장을 따라가다 보면 모든 시간이 사라져요. 여러분처럼 아우구스티누스도 시간이 있다는 것을 알았고, 결국 시간을 찾아냈어요. 바로 자신의 내면에서요. 내면에서 아우구스티누스는 과거, 현재, 미래를 발견했어요. 지금 자기 내면을 들여다보면 추억을 생각하면서 과거를 존재하게 만들어요. 내일을 상상하는 동안 미래를 현실로 만들어 봐요. 지금 이 순간을 살아가는 동안 현재는 존재해요. 그렇다면 시간은 사물이 아니라 내면의 존재 방식이에요.

아우구스티누스(354~430)는 알제리 히포의 철학자, 신학자, 주교였어요. 아우구스티누스는 자신의 책 『고백록』에서 시간, 영혼, 세계, 신의 개념을 성찰했어요.

아우구스티누스에게 도전해 봐요
영원을 상상해 봐요. 영원을 그림으로 그릴 수 있나요?

용과 나와 신
이븐시나

여러분이 존재하지 않을 수 있다고 생각해 본 적이 있나요? 조금은 두려울 수 있지만, 사실 여러분이 없어도 여러분의 가족은 존재할 거예요. 만약 여러분의 가족이 존재하지 않는다 해도 여러분이 사는 집은 여전히 거기에 있을 거예요. 설령 여러분의 집이 없더라도, 여러분이 사는 도시는 여전히 여러분의 도시일 거예요. 그리고 도시가 존재하지 않더라도 세상은 여전히 있을까요?

이븐시나는 불가능한 것, 가능한 것, 필요한 것이라는 세 가지 유형을 생각할 수 있다고 말했어요. 용처럼 불가능한 것은 존재할 수 없어요. 현실에서 불가능한 것은 상상할 수 없어요……. 불가능한 것은 어디에도 없으니까요! 여러분이나 도시처럼 가능한 것은 존재할 수도 있고, 존재하지 않을 수도 있어요. 여러분이 세상에 있지만, 세상 모든 것은 여러분 없이도 존재할 수 있어요.

반면에 필요한 것은 반드시 존재해야 해요. 그렇지 않으면 모든 것이 사라질 수도 있으니까요. 이븐시나에게 신은 유일하게 필요한 존재이고, 거기서부터 가능한 일이 생겨나요. 그의 생각에 따르면 여러분은 태어나지 않았을 수도 있지만 여러분은 필요한 존재인 하느님께 왔으므로 필연적으로 존재해요. 이 생각은 왜 여러분이 중요한 존재처럼 보이는지, 왜 여러분이 가족, 도시, 전 세계에 없어서는 안 되는 존재라고 느끼는지 설명해 줄 거예요. 이븐시나에게 여러분이 세상에 태어난 이유는 필연적이며, 결과적으로 여러분은 꼭 필요한 존재예요.

이븐시나(980~1037)는 중세 이슬람에서 매우 중요한 페르시아의 철학자이자 의사이자 과학자였어요. 그는 최첨단 의학 연구와 우주, 신, 세계를 연구하면서 서양 문화에 영향을 미쳤어요.

이븐시나와 함께 생각해 봐요
만약 하느님이 전지전능하시다면, 즉 하느님이 모든 것을 하실 수 있다면
어떻게 불가능한 일이 있을까요?

유니콘은 있을까요, 없을까요?
아오스타의 안셀무스

말과 유니콘의 차이점은 무엇일까요? 쉬워요! 둘 중 하나는 이마 중앙에 뿔이 있거든요! 사실이지만, 더 큰 차이가 있어요. 유니콘은 생각 속에만 존재하는 반면 말은 현실에도 존재해요. 이것이 어떤 의미에서 말이 '유니콘'보다 '위대하다'라고 말할 수 있는 이유예요. 아오스타의 안셀무스는 현실 속 동물이든 상상 속 동물이든, 동물을 다루진 않았어요. 신학자인 안셀무스는 신의 존재를 입증하기 위해 이런 유형의 추론을 사용했어요. 안셀무스는 신이 실제로 존재한다는 완전한 믿음을 증명할 타당한 이유를 찾았어요.

안셀무스는 이렇게 생각했어요. 우리가 '신'이라는 단어를 들을 때, 분명 '이보다 더 큰 것이 있을 수 없을 정도로 거대한' 것을 생각해요. 동의하나요? 그러나 만일 신이 우리의 생각 속에만 존재한다면 신은 '이보다 더 큰 것이 있을 수 없는' 것이 아닐 거예요. 생각 속에만 존재한다면 생각뿐만 아니라 현실에도 존재하는 모든 것이 신보다 클 것이기 때문이에요. 달리는 말조차 신보다 더 클 거예요! 그렇다면 신은 '이보다 더 큰 존재를 생각할 수 없는 존재'이기 때문에 필연적으로 현실에도 존재해야 해요. 안셀무스의 생각이 옳은지 아닌지 우리는 알지 못하지만 안셀무스는 분명 타당한 이유를 훌륭히 찾아냈어요. 때때로 뭔가에 대한 이유를 우리에게 물을 때, 우리는 단지 '그렇기 때문이에요!' 혹은 '그게 아니기 때문이에요!'라고 대답해요. 우리도 안셀무스처럼 할 수 있어요. 옳은 이유를 제시하는 방법을 아는 것이 '옳다'라고 하는 것보다 더 중요한 때가 많아요.

안셀무스(1033~1109)는 열다섯 살에 종교의 길을 선택했어요. 지칠 줄 모르는 열정을 가진 신학자이자 철학자였던 안셀무스는 캔터베리 대주교였고, 교회의 자유를 위해 싸웠어요. 그는 가장 위대한 중세 사상가 중 한 명이에요.

안셀무스처럼 해 봐요
여러분이 굳게 믿는 것이 있나요?
여러분이 믿는 것이 사실이라고 말할 수 있는 이유를 두 가지 이상 찾아봐요.

믿는 것과 아는 것
토마스 아퀴나스

'2+2=4'는 수학의 진리예요. 이성을 사용하면 답이 나와요. 필요한 경우 연필 두 개 옆에 두 개를 더 추가하면 네 개라는 걸 알 수 있어요. 수학은 아는 것이지 믿는 것이 아니기 때문이에요. '신이 존재한다'는 것은 신앙의 진리예요. 신앙의 경우 원하는 만큼 이성을 사용해 추론하고 연필이란 연필은 모두 가져다 계산해 보더라도 신을 나타내 보여 주는 것은 아무것도 찾아내지 못할 거예요. 왜냐하면 신은 볼 수 없기 때문이에요. 여러분은 신을 믿을 수 있지만 알지 못해요.

아퀴나스는 신앙적인 사실을 입증하기 위해 이성을 사용했어요. 그가 사용한 추론 중 하나는 다음과 같아요. 몸이 움직이는데 뭔가가 그 몸을 밀었다고 생각해 봐요. 그런데 이 무언가가 움직이려면 다시 뭔가가 그것을 밀어야 하고, 다시 그것을 또 뭔가가 밀어야 하지요. 밀리지 않고 제일 먼저 밀어붙인 누군가가 있을 터인데, 아퀴나스에게는 그것이 '사람들이 신이라고 부르는 것'이에요.

아퀴나스의 추론은 완벽하지만, 이렇게 질문할 수 있어요. "움직이지 않고 움직이는 이가 신이라고 누가 말했나요? 신은 한 분인가요? 신은 선하고 자비로운가요?" 아퀴나스의 이성은 여기서 그쳐요. 이성은 우리에게 신이 존재한다고 알려 주지만, 신의 탄생이나 특성은 알려 주지 못해요. 이성이 도달하지 못하는 곳에 믿음이 도달해요. 믿음이 있다는 것은 실제로 아는 것이 아니라 믿는 것을 의미해요. 믿는 것은 이성의 문제가 아니라 의지의 문제예요. 믿음은 모르기 때문에 믿는 반면 이성은 믿지 않기 때문에 알려고 하거든요.

아퀴나스(1225~1274)는 도미니크회 수도사로 고전 철학과 교회 교리, 이성과 신앙을 조화시키려고 노력한 위대한 학자였어요.

아퀴나스와 생각해 봐요
우리는 보이지 않는 많은 것을 믿을 수 있어요. 여러분은 무엇을 믿나요?

면도날로 잘라 내듯이
윌리엄 오컴

여러분은 문제의 해결 방법을 찾기 위해 얼마나 오랫동안 고민하나요? 혹은 어떤 일이 일어났을 때 그 이유를 설명하기 위해 가설을 세우나요? 단순화를 굉장히 좋아한 오컴이 여러분에게 도움을 줄 수 있을 거예요. 오컴에 따르면 상황을 복잡하게 만들어선 안 돼요. 올바른 해답은 가장 쉽고 바로 코앞에 있는 경우가 많기 때문이에요. 사실을 설명하기에 충분한 합리적인 단서가 있는데, 왜 다른 단서를 찾아야 하나요? 오컴은 그럴 필요가 없는데도 우리가 머리를 복잡하게 만드는 것을 좋아한다고 했어요. 이 경우에 면도날로 '싹둑!' 모든 쓸모없는 설명을 명확하게 잘라야 해요.

여러분이 집에 혼자 있는데, 갑자기 '쾅!' 하고 문이 닫히는 소리가 나요. 두려움에 사로잡혀 유령의 짓이라 믿는다고 가정해 봐요. 하지만 유령과 관련되면 문제가 두 개가 된다는 것을 아나요? 첫째, 소음의 진짜 원인이 유령인지 확신할 수 없고 둘째, 유령의 존재를 설명해야 해서 두통도 생길 거예요!

오컴은 여러분이 가진 단서에 주의를 기울여야 한다고 말해요. 예를 들어 창밖을 내다보면 거센 바람이 불고 있다는 것을 깨달을 수 있거든요. 오컴은 실제로 우리 지식과 관련된 문제에 관심이 있었지만, 오컴의 면도날은 일상생활에서도 유용해요. 수영장에서 좋아하는 친구를 만났는데, 친구가 인사하지 않는다면? 친구가 여러분에게 화가 났다거나 잊어버렸다고 단정하기 전에, 친구가 단지 보지 못했을 수도 있다는 점을 생각해야 해요.

오컴(1285~1347)은 영국의 신학자이자 철학자였어요. 그는 신앙의 진리를 이성적으로 설명할 수 없으므로 교회와 정치가 서로의 일에 끼어들어서는 안 된다고 확신했어요.

오컴처럼 해 봐요
여러분의 문제에 대해 생각해 보고, 문제를 복잡하게 만드는 쓸모없는 데이터를 오컴의 면도날로 잘라 내요. 해답에 더 가까워졌나요?

가면과 거울
로테르담의 에라스무스

여러분이 침대 위에서 뛰면서 말도 안 되는 소리를 목청껏 외치거나, 바지를 머리에 뒤집어쓰고 집 안을 돌아다니면 모두가 놀란 표정으로 여러분의 광기 어린 모습을 보겠지요? 그런 경험이 있나요? 그 순간에 여러분은 자유로움을 느꼈나요? 우리는 광기가 질병이며, 미친 사람은 이성에 어긋나는 말과 행동을 한다는 이야기를 늘 들어 왔어요. 마치 '합리적'이라는 것을 어느 권위자가 그렇다고 했기 때문에 논쟁의 여지 없이 받아들이는 것과 마찬가지로요. 미친 사람의 가면을 써서 현명해질 수 있다면 어떨까요? 이것이 에라스무스가 생각한 거예요. 사실 에라스무스는 확신에 차서 광기에 대한 찬사를 썼어요. 광기는 세상을 거꾸로 보게 만들고, 모든 것이 이성이 원하는 것처럼 질서 정연하지 않음을 알게 해 줘요. 모든 것은 뒤집힐 수 있는데, 광기가 그렇게 해 줘요! 약간 미쳤을 때 우리는 우리 자신이 되어 이상한 말이나 행동을 두려워하지 않아요.

현실의 한 측면만 존재한다고 믿으면서 이성이 저지르는 오류에 맞서기 위해 광기는 두 가지 무기, 즉 가면과 거울을 사용해요. 미친 사람은 가면을 쓰고 현실을 폭로하며 '보통 때'에 하지 않는 말을 해요. 미친 사람은 허영심을 위해 사용하는 거울을 통해 자신의 거울에 비친 모든 것, 즉 다른 관점에서의 행동과 신념을 모든 사람에게 보여 줘요. 에라스무스에게 광기가 왜 아름다운지 알아요? 질서 있는 세계에서 어떤 것이 비난받는다면, 무질서한 세계에서 그것은 칭찬을 받을 수 있다는 거예요!

에라스무스(1466~1536)는 인류가 공통의 문화적 뿌리로 하나 되는 꿈을 전파하면서 유럽 곳곳을 여행했어요. 그는 모든 행동, 심지어 미친 행동에도 그 이유가 있다고 생각했어요.

에라스무스에게 도전해 봐요
가면을 쓰고 광기를 부려 봐요.
사물이 다르게 보이나요?

토머스 모어

여러분이 사는 곳에는 아름다운 것이 많아요. 불행하게도 모든 사람이 공존의 규칙을 따르지는 않기 때문에 아름답지 않은 것도 있어요. 함께 사는 것이 항상 쉽지는 않아요. 토머스 모어가 살았던 시대에도 별다르지 않았어요. 그는 범죄가 늘어나는 것을 보며 단순히 범죄자를 처벌하는 것만으로 문제가 해결되지 않는다고 확신했어요.

모어는 사유 재산이 없어 더 갖기 위해 다투지 않고 누구도 남의 것을 훔치지 않는 섬을 상상했어요. 모든 사람이 일하기 때문에 적게 일하고 자유 시간이 더 많아요. 굳이 돈이 필요 없고 누구도 부족한 게 없어 더 많이 가지려 하지 않아요. 모든 사람은 자신이 원하는 종교를 믿을 자유가 있으며, 자신의 종교를 다른 사람에게 강요하지 않아요. 시기심이 없고, 모든 사람이 평등하며, 가진 것에 만족하면서 가장 중요한 공동선을 위해 협력해요. 공동선을 지키는 데 필요하다면 자신의 욕망조차 제쳐 두어요. 그는 이 섬을 '장소가 없다'는 뜻의 '유토피아(Utopia)'라고 불렀어요. 과연 유토피아가 존재할 수 있을까요?

모두를 위한 정의가 실현되는 유토피아가 있을 수 있어요. 그러나 정의가 복수로 변질되지 않기 위해서는 개인이 정의를 행사하지 않아야 해요. 국가가 유일하게 공정한 결정을 할 수 있기 때문에 국가에 정의를 맡겨야 해요. 모어에게 유토피아는 지평선과 같아요. 지평선은 하늘과 땅을 나누는 선이고, 지평선에 닿기 위해 한 걸음 내디디면 지평선은 더 앞으로 나아가지만 절대 사라지지 않아요.

모어(1478~1535)는 영국의 인문주의자이자 작가였고, 여러 공직에서 일했어요. 『유토피아』를 통해 이상적인 도시라는 정의로운 사회 모델을 제시했고, 이는 하나의 문학 장르가 되었어요.

모어처럼 해 봐요
여러분의 유토피아는 어떤 곳인가요? 여러분의 이상적인 세계를 상상하고 설명해 봐요.

미셸 드 몽테뉴

말을 타고 달려 본 적이 있나요? 기이하고 멋진 기분이 들 거예요. 두 발로 걷지 못하더라도 넘어지지 않도록 균형을 유지해야 하는 사람은 바로 여러분이기 때문이에요. 몽테뉴는 안장에 올라갈 때마다 많은 생각이 떠올랐어요. 그는 우리 모두 끊임없이 변화하고 있으며, 이전의 우리와 항상 다르다고 생각했어요.

그는 항상 '내가 무엇을 아는가?'라고 물었고, 이 질문은 그가 무엇을 할 수 있고 무엇을 해야 하는지 이해하는 데 도움이 되었어요. 우리가 아는 것과 다르다고 잘못된 것은 아니며, 다양한 관점이 존재할 수 있어요. 물론 사물을 알고 우리가 누구인지 아는 것이 어렵게 느껴질 수 있어요. 여러분은 자신에게 질문할 거예요. '오늘의 내가 어제와 다르다면, 그것이 여전히 나라는 것을 어떻게 알 수 있을까?' 그러나 여러분이 하는 모든 일과 생각은 여러분이 여전히 여러분이라는 것을 말해 줘요! 비록 '우리는 결코 우리 자신과 가깝지 않고, 항상 우리 자신 너머에 있다'라고 몽테뉴가 썼지만요.

몽테뉴는 모든 것이, 심지어 세상도 순식간에 바뀔 수 있다고 말해요. 여러분이 그네 탈 때를 생각해 봐요. 무엇이 보이나요? 하늘이 조금 보였다가 땅이 조금 보였다가 해요. 그네를 타고 위로 올라가요…… 지금 본 구름은 아까 없었어요. 그네가 다시 내려와요…… 와, 지네가 보여요! 조금 전까지만 해도 지네는 거기에 없었어요. 정말 복잡한 문제이지만, 어쩌면 의미 있을지 몰라요! 죽는 날까지 지속되는 의미, 몽테뉴에게 삶의 구성 요소인 의미가요. 실제로 몽테뉴는 말했어요. '아파서 죽는 것이 아니라 살아 있어서 죽는 것이다!'

몽테뉴(1533~1592)는 회의적인 철학자였어요. 그는 경직된 믿음을 갖는 대신 자기 의견에 의문을 제기하고 다른 관점을 받아들이는 데 열려 있으라고 강조했어요.

몽테뉴와 함께 생각해 봐요
1년 전과 오늘, 여러분은 어떻게 다른가요?

질료와 세계영혼
조르다노 브루노

자연에 대해 생각한 적이 있나요? 여러분은 시골에 살면서 자연에 둘러싸여 있을 수도 있고, 대도시에 살면서 수탉 한 마리 본 적이 없을 수도 있어요. 그러나 자연은 도시에도, 부엌을 날아다니는 파리에도, 거리의 수많은 사람 속에도 있어요. 브루노는 차별 없이 모든 자연을 사랑했어요. 그에게 자연을 사랑하는 것은 신을 사랑하는 것을 의미했어요. 왜냐하면 자연에서 신을 찾을 수 있기 때문이에요. 브루노에게 자연은 세계영혼이자 질료였어요. 세계는 항상 변화하지만 독특하고 무한하며 신성한 자연 그 자체로 남아 있어요.

유럽에서는 교회가 인간을 피조물의 정점에 두지만, 브루노는 동물도 신에게서 왔기 때문에 인간과 같은 수준에 있다고 주장했어요. 유럽인들은 아메리카 인디언을 야만인으로 여겼지만, 브루노는 동일한 신성한 질료의 산물이기에 피부색과 종교에 관계없이 모두 똑같다고 설명했어요. 당시 과학자들은 태양이 우주의 중심에 있다고 믿었지만, 그는 우주가 단 하나가 아닌 무한한 수로 존재한다고 주장했어요. 브루노에게는 태양이 유성보다 더 중요하지 않고, 백인이 황인종보다 우월하지 않으며, 기독교인이 이슬람교도보다 나을 것이 없고, 사자도 벌레보다 더 고귀하지 않아요. 존재하는 모든 것은 신성하므로 동등한 존엄성을 가져요. 그래서 벌레도 태양만큼 중요해요. 우리가 브루노처럼 생각한다면 세상이 얼마나 달라질지 상상해 봐요!

브루노(1548~1600)는 불안하지만 훌륭한 개성을 지닌 철학자였어요. 시대에 역행하는 생각을 했기 때문에 그는 이단자로 내몰렸고 화형에 처해졌어요.

브루노에게 도전해 봐요
자신이 누군가보다 우월하다고 생각하나요, 아니면 열등하다고 생각하나요?
다른 사람들보다 더 훌륭하든 그렇지 않든, 자신이 그들과 다르다고 생각한다면 무엇이 바뀔까요?

우상에서 자유로워지자
프랜시스 베이컨

이 책을 손에 쥐고 있다면, 아마도 독서는 참 좋은 거라고 생각할 거예요. 독서는 많은 것을 알게 해 주기 때문에 좋은 습관이에요. 베이컨은 지식의 위대한 신봉자였어요. '아는 것이 힘이다!' 그가 말했어요. 진실로 아는 사람만이 세상의 주인이 될 수 있어요. 그러나 알기 위해서는 독서만으로 충분하지 않아요. 경험이 있어야 하고, 무엇보다 문제의 근본 원인을 파악해야 해요. 다행스러운 점은 우리 모두 아는 것을 좋아한다는 거예요. 하지만 우리의 저주받은 편견은 우리가 알고자 노력하는 것을 방해해요. 베이컨은 편견을 '우상'이라고 불러요.

세 아이가 체육관에서 무례하게 굴면 그 동네의 모든 아이가 무례하다고 생각해요. 집에서 치고받으면서 폭력이 정당하다고 생각하죠. 도시에 사는 데 무기가 있어야 안전하다고 느낀다면, 여러분도 무기를 지녀야 한다고 믿고요. 여러분은 많이 알고 있다고 생각하지만, 무엇을 얼마나 알고 있나요? 여러분은 자기 능력 중단 하나도 사용해 본 적이 없으므로 아무것도 모를 수 있어요!

무지한 상태로 머물지 않기 위해 먼저 해야 할 일은 모든 우상을 알아보는 것이고, 두 번째는 그 우상들을 없애는 거예요. 그래야만 특정 동네의 주민들을 직접 만나서 폭력이 옳거나 옳지 않다고, 무기가 해결책이거나 해결책이 아니라고 말할 수 있을 거예요.

베이컨(1561~1626)은 영국의 철학자이자 정치인으로서 매우 중요한 역할을 했어요. 과학 혁명의 수호자인 그는 경험을 바탕으로 새로운 지식을 찾았고, 덕분에 인간은 자연을 지배하게 되었어요.

베이컨처럼 해 봐요
여러분은 실제로 어떤 것을 알고 있나요? 여러분의 우상을 찾아 적어 봐요.

갈릴레오 갈릴레이

인간이 달에 갈 수 있어요. 과학자들은 화성 여행을 계획해요. 예전에는 상상도 할 수 없는 일이 갈릴레이 덕분에 현실이 되었어요. 한때 사람들은 자연을 선하든 악하든, 마법의 힘이 지배하는 세계로 생각했어요. 갈릴레이는 자연이 수학 언어로 쓰인 책과 같고, 수학 언어만이 자연을 설명할 수 있다는 것을 발견했어요.

먼저 자연을 보고, 만지고, 냄새 맡고, 느껴야 해요. 우리에게 감각이 없다고 상상해 봐요! 갈릴레이는 눈, 귀, 코, 입, 심지어 피부조차 없는 인간을 상상했어요. 감각 없는 인간이 자연을 경험할 수 있을까요? 분명히 경험하지 못할 거예요. 하지만 세계는 그 법칙에 따라 존재할 것이며, 태양은 계속 뜨고 질 거예요. 우리는 세계가 계속 존재하는 이유를 알지 못해요. 감각은 그 이유를 설명할 단서를 수집하고 가설을 세우는 역할을 하지만, 그것만으로는 충분하지 않아요. 가설이 사실인지 확인하려면 실험이 필요하고, 가설이 입증된 경우에만 법칙이 돼요.

그는 망원경으로 하늘을 관찰하고 단서를 수집하고 가설을 검증했으며 달의 분화구와 지구의 움직임까지 발견했어요. 자연이라는 위대한 책을 해독하기 위해서 감각을 어떻게 사용하는지 알겠죠? 그런데 왜 우리는 과학과 충돌하는 행성과 그 법칙에 대한 언급을 성경에서 찾을까요? 성경은 신성한 것들을 다루기 때문에 자연의 언어로 말하지 않아요. 신은 우리가 지상 세계를 이해하는 데 사용할 수 있도록 감각이라는 선물을 주셨고, 갈릴레이는 감각을 사용해 세계를 이해하려고 노력했어요.

갈릴레이(1564~1642)는 철학자, 천문학자, 수학자였어요. 망원경 개발, 과학적 실험 방법의 도입 등으로 그는 현대 과학의 창시자로 평가돼요.

갈릴레이와 함께 생각해 봐요
자연을 관찰하고 그 속에서 수학을 발견해 봐요.

리바이어던
토머스 홉스

우리는 이기심이 나쁘다는 말을 자주 들어요. 홉스는 자유와 마찬가지로 이기심도 매우 정상적인 것이라고 말했어요. 인간은 태어날 때부터 이기심을 갖고 있어요. 사실 고대의 야만인들은 이기심이 잘못된 것이라고 생각하지 않았어요. 그런데 왜 바뀌었을까요?

홉스는 그 당시에는 모두가 자신이 원하는 것을 가져갔고, 두 사람이 같은 것을 원하면 그것을 얻기 위해 늑대처럼 싸웠다고 설명해요. 가장 강한 사람이 이겼지만, 누군가가 폭력을 사용해 모든 것을 빼앗아 갈 것이라는 두려움이 남았어요. 죽음에 대한 두려움도 모든 인간이 가지고 있으므로, 평화롭게 잠들기 위해 무언가를 포기하는 게 낫다고 생각했죠. 그래서 사람들이 약정을 맺었는데, 동료들을 사랑해서가 아니라 자신의 안전과 평화로운 공존을 위해서였어요. 이 약정을 통해 각 개인이 자유의 일부를 기부하는 국가가 탄생했어요. 국가는 모든 사람에게 적용되고 모든 사람이 지켜야 하는 법을 통해 시민에게 절대적인 권력을 행사해요.

홉스는 이러한 국가에 억제할 수 없는 힘을 지닌 거대한 바다 괴물인 '리바이어던(Leviathan)'이라는 이름을 붙였어요. 그 힘은 최고이며, 그 법칙은 논쟁의 여지가 없어요. 명령하는 것이 곧 정의가 되죠. 사람들은 더 이상 무엇을 해야 할지, 신을 믿어야 할지 고민할 필요가 없고 단지 순종하면 돼요. 물론 리바이어던만큼 강한 사람이 있으면 생명은 안전할 거예요. 그것이 자유나 사상보다 더 가치 있다 해도, 단지 안전한 삶이 과연 얼마나 가치 있을까요?

홉스(1588~1679)는 영국의 철학자이자 수학자이며, 모든 자연 현상은 인간의 이성으로 계산하고 통제할 수 있다고 주장했어요. 그는 절대주의의 창시자이며, 모든 권력을 가진 강한 국가를 상상했어요.

홉스처럼 해 봐요
여러분이 세상에서 가장 원하는 것은 무엇인가요?
여러분이 그것을 얻기 위해 결코 포기할 수 없는 것은 무엇인가요?

르네 데카르트

샤워실에 들어갔는데 물이 엄청 차가운 것 같았지만, 실은 몸의 열 때문에 차갑게 느꼈다는 걸 깨달은 적이 있나요? 혹은 어떤 사람을 잘못 봐서 다른 사람으로 착각한 적이 있지 않나요? 몸과 감각으로 아는 것이 여러분을 속일 수 있는데, 데카르트는 함정을 알고 있었어요. 데카르트는 100퍼센트 안전한 지식을 구축하겠다는 위대한 계획이 있었어요. 이를 위해 그는 감각에서 오는 불확실한 관념을 배제하고, 매우 명확하고 의심할 수 없는 관념만 생각해야 했어요.

데카르트는 추론했어요. '안전한 정보만 갖고 싶어서 모든 것을 의심하면, 의심할 수 없는 한 가지가 있다. 그것은 내가 의심하고 있다는 사실이다. 내가 의심한다면 그것은 내가 생각한다는 뜻이고, 내가 생각한다면 그것은 내가 생각하는 존재라는 뜻이다!' 데카르트는 인간이 명확한 생각을 가지고 있다는 것을 깨달았어요. 주의할 것은 알기 위해서 몸의 감각이 필요하지 않은 생각하는 존재로서의 자기 자신, 정신으로서의 자기 자신을 명확히 알고 있었다는 거예요.

데카르트는 이런 확실성을 바탕으로 감각에 의존하지 않고, 확실한 정보를 제공하는 현대 과학의 토대를 마련했어요. 예를 들어 화학에서는 물을 두 개의 수소 분자와 하나의 산소 분자로 표현해요. 이것은 몸에 의지하지 않기 때문에 모든 사람이 인정하는 명확한 생각이에요. 몸에 의존하면 누구에게는 차가운 물이 내게는 뜨거운 물이 될 수 있으니까요.

데카르트(1596~1650)는 현대 과학, 철학의 창시자로 여겨져요. 그는 수학을 모델로 삼아 철학적·과학적 연구에 새로운 방법을 제시했어요.

데카르트에게 도전해 봐요

데카르트에 따르면 여러분은 생각하는 존재예요. 여러분은 자신이 분명 육체로도 존재한다고 생각하지요? 데카르트에게 육체로서도 존재하는 이유를 설명해 봐요.

생각하는 갈대
블레즈 파스칼

우리는 항상 많은 일을 해요. 아침에 일어나 학교에 가고 점심을 먹고 일하고 운동하거나 때로는 외식하거나 영화를 보다가 잠이 들곤 하지요. 사람들은 왜 이렇게 살까요? 파스칼은 몇 가지 질문으로 괴로워했어요. '내 존재의 의미는 무엇일까? 나는 여기서, 이 시간에 무엇을 하고 있는 걸까?' 파스칼은 인간은 놀라운 발견과 발명을 했고, 심오한 문제를 제기할 수 있는 유일한 존재이기 때문에 위대하다고 생각했어요. 고양이는 분명 자신이 세상에 존재하는 의미가 무엇인지 궁금해하지 않아요. 인간은 또한 매우 나약해요. 이러한 질문들이 인간을 고통스럽게 하고, 인간은 고통을 견딜 수 없기 때문이에요. 그렇다면 무엇을 할까요? "생각을 딴 데로 돌립니다." 파스칼은 말했어요.

인간은 대답을 두려워하기 때문에 수많은 일을 하며 주의를 딴 데로 돌려요. 아무것도 하지 않고 소파에 앉아 있으면 지루함을 느끼기 시작해요. 그래 본 적 있죠? 그러다가 어느 시점이 되면 지루함을 참을 수 없어 주의를 분산시키죠. 지루해지면 우리가 누구인지, 어떤 의미인지 궁금해지기 때문이에요. 우주의 영원함에 비해 우리의 삶은 매우 짧다는 것을, 우리의 몸은 우주의 무한함에 비해 아주 작다는 것을 깨닫게 돼요. 간단히 말해 우리는 그리 특별하지 않다는 거죠. 우리는 바람에 흔들리는 갈대처럼 연약한 자신을 발견하게 돼요. 파스칼에게 인간은 '생각하는 갈대'이고, 생각하는 것이 인간의 힘이에요. 생각하기 때문에 우리는 어려운 질문을 던져야 해요.

파스칼(1623~1662)은 철학자, 신학자, 물리학자이자 수학자였어요. 그는 기계식 계산기를 만들었고 유체, 압력, 진공 연구에 기여했어요.

파스칼처럼 해 봐요
소파에 누워 천장을 바라보며 정신을 자유롭게 해 봐요.
30분 이상 그렇게 있을 수 있었나요? 무슨 생각을 했나요?

존 로크

거울에 자신을 비추면 때로는 그 모습이 익숙하고 때로는 낯설지만, 나는 여전히 나라고 확신할 거예요. 하지만 생각해 봐요. 만약 내일 짝꿍이 여러분 몸 안에 들어간다면 어떻게 될까요? 거울 속의 여러분은 같은 아이처럼 보이지만 다른 사람이 될 거예요. 동의하나요? 이 실험을 통해 로크는 여러분을 식별하는 것, 여러분을 현재의 여러분으로 만드는 것은 여러분의 몸일 수 없다고 해요. 여러분의 몸은 항상 변하니까요. 여러분이 세 살이었을 때와 어떻게 달라졌는지, 코를 성형하면 어떻게 될지 생각해 봐요! 로크는 정체성은 의식에 있다고 해요. 이건 설명하기가 조금 어려워요. 의식은 신체와 같은 '사물'이 아니라 능력이기 때문이에요. 의식은 시간이 지나도 자신이 동일하다는 것을 인식하는 능력이에요.

간단히 말해서 '나는 나다'라고 말하는 것은 지금 이 글을 읽고 있다는 사실을 깨닫는 것이 아니에요. 여러분이 '나는 나다'라고 말하는 이유는 지금 책을 읽고 있는 나는 크리스마스에 다리가 부러진 나, 2년 전에 축구를 시작한 나, 여름휴가를 어디로 갈지 고민하는 나와 동일하다고 느끼기 때문이에요.

평생 늘 똑같은 나를 머릿속에 가지고 있는 건 불가능해요. 생각 없이 행동하고 무심히 잊어버리는 일이 생겨요. 실제로 여러분의 의식, 즉 여러분의 정체성에 구멍이 뚫린 것과 같아요. 로크는 항상 여러분의 의식과 정체성을 새로이 하고, 과거의 감각과 생각을 끊임없이 기억하라고 강조해요. 그러지 않으면 시간이 그것들을 지워 버리고, 여러분의 작은 조각도 앗아 갈 위험이 있어요.

로크(1632~1704)는 철학자이자 의사였어요. 그는 경험을 통해서만 알 수 있다고 주장했어요. 관용에 대한 강한 믿음 때문에 그는 고전적 자유주의의 아버지로 여겨져요.

로크와 함께 생각해 봐요
밤에 몽유병자가 서랍에서 무언가를 훔쳐요. 깨어나면 그는 다시 의식을 갖게 되죠.
그 사람은 다른 사람인가요? 아니면 똑같은 사람인가요?

바뤼흐 스피노자

최근에 슬펐던 때가 있었나요? 스피노자는 여러분이 행복해지려고 '노력'하지 않았기 때문에 그런 일이 일어났다고 말할 거예요. 좋아하지 않는 사람과 어울리려 할 때와 같은 노력은 아니에요. 스피노자에게 노력이란 여러분이 현재의 모습을 유지하기 위해 끊임없이 도전하는 거예요. 여러분은 천성적으로 기쁨을 추구해요. 슬플 때는 뭔가 빠진 것 같은 느낌이 드는데, 슬픔은 기쁨이 줄어든 것일 뿐이기 때문이에요.

친구들과 함께 바다에 가고 싶은 갈망이 생길 때, 여러분은 자기 자신이 강하다고 느끼나요? 머릿속으로 이미 바다에 있을 때를 상상하고, 그 생각은 여러분이 살아 있음을 느끼게 해요. 그렇게 기쁨으로 가득 차죠. 그러나 여러분과 여러분의 갈망 사이에 장애물이 생길 수도 있는데, 예를 들어 폭풍우 때문에 여행이 취소될 수도 있죠. 여러분은 갈망에 비해 자신이 강하다고 느끼지 않아요. 마음으로는 이 생각을 밀어내려고 노력하지만 해변에 갈 수 없으니 어느 것에도 흥미가 생기지 않아요. 슬픔이 승리한 거예요.

스피노자는 감정이 우리 본성의 일부라고 해요. 슬픔이 외부에서 온다고 생각하는 건 어리석은 생각이에요. 슬픔을 이겨 내려면 그 원인이 무엇인지 이해해야 해요. 다른 모든 감정도 똑같아요. 바다로 갈 수 없게 만든 것이 외부의 장애 때문이지 여러분의 의지에 따른 것이 아니라는 것을 이해한다면, 여러분은 실망하기보다는 강해지고 자유로워질 것이며, 그 힘은 다시 행복감을 만들 거예요. 그것이 앎의 기쁨이에요.

스피노자(1632~1677)는 인간을 포함한 모든 자연은 필연성에 이끌린다고, 즉 원인과 결과에 따라 흘러간다고 생각했어요. 그는 행동의 원인을 알아야만 자유로울 수 있다고 말했어요.

스피노자에게 도전해 봐요
슬플 때 '슬퍼하지 마세요!'라는 말을 듣는 게 낫나요?
아니면 누군가가 '왜 슬픈데요?'라고 묻는 게 좋은가요?

고트프리트 빌헬름 라이프니츠

이상한 질문을 하나 할게요. 왜 아무것도 없는 대신에 뭔가가 존재하는 걸까요? 라이프니츠는 그렇게 물었고, 그에 답하기 위해 또 다른 질문을 던졌어요. '어떤 것을 있는 그대로 존재하게 만드는 것은 무엇일까요?' 허무맹랑한 말처럼 들리지만 한번 생각해 봐요. 의자가 의자로 존재하게 만드는 것은 무엇일까요? 무엇이 의자를 의자로 존재하게 만드는지 생각해 봐요. 의자 다리, 좌석, 등받이는 부러질 수도 있고 의자 색깔을 바꿀 수도 있지만, 그것 아니면 의자가 될 수밖에 없는 특성, 즉 언제 어디서나 동일하게 유지되는 특성이 있어요. 라이프니츠에 따르면 이 특성은 의자가 바꾸려 하는 것에 저항하고, 있는 그대로 계속 유지하도록 하는 힘이라고 해요. 의자를 비롯한 많은 것이 존재하며, 우리는 그것들을 볼 수도 있고 생각할 수도 있어요.

이제 무(無)에 대해 생각해 봐요. 무를 생각할 수 있나요? 아무것도 없다면 존재하지 않는다는 뜻인데, 존재하지 않는 것을 생각할 수 있을까요? 예를 들어 공룡처럼 더 이상 존재하지 않더라도 과거에 존재했던 것을 생각할 수 있어요. 또 하늘을 나는 자동차처럼 아직 존재하지 않더라도 여러분의 생각 속에 이미 존재하고 미래에 존재할 수 있는 것을 생각할 수도 있고요! 우리가 어떤 것을 생각할 수 없다면 그것은 존재하지 않는 거예요. 그러면 어떻게 그것이 '무'라고 말할 수 있을까요? 왜냐하면 무는 대신 어떤 것이 있다고 말해 주기 때문이에요! 사실 무가 없다면 그것의 반대말, 즉 '있는 것'도 없을 거예요. 따라서 '무'와 '있는 것'은 서로 의존해요.

라이프니츠(1646~1716)는 무한소 미적분학을 도입하고 '라이프니츠 기계'라고 불리는 기계식 계산기를 발명한 철학자이자 수학자였어요.

라이프니츠처럼 해 봐요
이미지, 문구, 소리, 원하는 어떤 것이든 무를 설명할 수 있는 것을 찾아보세요.

역사의 실타래
잠바티스타 비코

역사를 좋아하나요? 아마도 역사가 여러분의 시대와 동떨어져 있는 것 같기 때문에 지루하다고 생각할 수도 있어요. 때로는 역사의 모든 날짜를 외우기 힘들어 역사가 어렵다고 생각할 수도 있어요. 그렇다면 비코가 여러분의 생각을 바꿀 수 있지 않을까요?

안락의자에 앉아 뜨개질하는 할머니를 생각해 봐요. 발치에 있는 커다란 실타래가 천천히 풀리면서 할머니는 코바늘로 스웨터를 짜요. 비코에게 역사는 바로 뜨개질처럼 왔다 갔다 하며 짜이는 거예요. 역사는 주기적으로 반복되는 단계로 구성돼요. 비코는 이 단계를 신의 시대, 영웅의 시대, 인간의 시대라고 불러요.

이들 시대는 인간이 성장해 가는 나이대와 같아요. 인간은 어린 시절의 향기, 소리, 색깔을 통해 사물을 알다가, 자라면서 상상력을 사용하다가, 성인이 되어서 인간을 이해하기 위해 이성을 사용해요. 이러한 단계를 통해 인간은 과거를 소중히 여기며 자신을 알게 되고, 신중한 행동을 통해 자신이 성취한 것에서 행복을 찾아요.

역사는 가만히 있지 않아요. 역사의 시간은 단순히 날짜로 이루어진 것이 아니라 성장하고, 다시 시작하고, 또 성장하는 나선형 운동으로 이루어져요. 마치 할머니가 뜨개질하고 있는 스웨터처럼 이미 존재하는 어떤 그림을 따라가요.

비코(1668~1744)는 역사를 끊임없이 반복되는 보편적 원리에 기초한 '새로운 학문'이라고 주장했어요. 그는 역사가 인류 문명의 진보적인 발전의 중심이라고 생각했어요.

비코와 함께 생각해 봐요
인간의 세 가지 시대가 이어지는 이야기를 구성하며, 여러분의 인생 이야기를 만들어 봐요.

조지 버클리

사과가 존재하나요? 여러분의 고양이는요? 공룡이 존재했다고 확신하나요? 이상한 질문 같겠지만 자신에게 한번 물어봐요. 버클리의 생각을 알고 난 후에도 여전히 여러분의 대답을 확신할 수 있을지 모르겠네요. 버클리에 따르면 세상 모든 것은 존재하지 않아요. 여러분이 존재한다고 확신하는 것조차도 존재하지 않아요. 다시 말해 여러분이 생각하는 의미에서는 존재하지 않아요.

사과를 한입 베어 물어 봐요. 달콤함을 맛보고 두 손으로 무게를 느끼면 한쪽이 움푹 파인 것을 알 수 있어요. 그 순간 여러분은 사과가 실제로 존재한다고 말할 수 있을 거예요. 버클리는 여러분의 의견에 동의하겠지만, 전적으로 동의하지는 않을 거예요. 이제 나뭇잎 속의 사과를 생각해 봐요. 아무도 그 사과를 보지 못해요. 이 경우 버클리는 그 사과가 전혀 존재하지 않는다고 말할 거예요.

버클리는 사물은 실제로 존재하는 것이 아니라 그것을 보거나 만지거나 듣는 사람의 정신 속에만 존재한다고 말해요. 여러분이 먹는 사과는 여러분의 정신 속에 있기 때문에 존재하고, 여러분이 사과를 보기 때문에 정신 속에 있는 거예요. 그러나 숨겨진 사과는 누구의 정신에도 없으므로, 버클리에게는 존재하지 않아요. 고양이가 발견되지 않고 여전히 쓰레기통에 버려져 있다면, 그 고양이는 존재하지 않는 것과 같아요. 누구도 지각하지 못한 것은 존재한다고 주장할 수 없으므로, 지각된 것만이 존재해요. 사물은 존재하지 않으며 사물에 대한 지각만 있을 뿐이에요. 그러면 공룡은 존재했을까요? 사실 공룡을 본 사람은 아무도 없어요……

버클리(1685~1753)는 경험주의 철학자였어요. 그는 감각을 통해서만 알 수 있다고 생각했어요. 또한 최초의 이상주의자인 그에게는 정신 외에 아무것도 존재하지 않았어요.

버클리에게 도전해 봐요

사막에서 목마른 사람이 오아시스를 봐요. 그는 오아시스에 도착하지만, 그것이 신기루라는 것을 알게 돼요. 거기에 도착하기 전에 오아시스는 존재했을까요?

몽테스키외

음악을 최대한 크게 듣는 것처럼, 하고 싶지만 허용되지 않는 일이 참 많아요. 규칙은 지루할 수도 있고, 자유롭게 산다는 것은 제한 없이 모든 것을 한다는 의미로 생각할 수 있어요. 하지만 그렇게 하면 다른 사람들의 자유를 빼앗게 될 거예요. 소음을 참아야 하는 이웃을 생각해 봐요. 모두가 여러분처럼 생각한다면, 여러분은 소음에 신경 쓰지 않는 최초의 사람이 될 거예요. 진정으로 자유로워지기 위해서는 자유를 보호해 줄 무언가가 필요해요.

몽테스키외는 함께 어울리고 잘 지내려면 모든 사람이 '법'이라고 불리는 규칙을 따라야 한다고 말해요. 그런데 법은 '금지'를 의미할까요? 부분적으로는 그래요. 그러나 곧바로 결론을 내리지 말아요. 시민은 법을 만드는 책임을 집단에 맡기고, 그들에게 '입법권'이라는 권한을 부여해요. 음악이나 텔레비전의 볼륨을 너무 크게 높일 수 없다는 법이 있어요. 법을 지키는지 누가 확인하나요? 바로 '집행권'을 가진 사람들이에요. 이웃 사람이 잠을 자지 못해 경찰에 전화하면 경찰이 와서 음악 소리가 정말 너무 큰지 확인해요. 볼륨을 낮추지 않으면 '사법권'이 개입해요. 판사가 법을 위반했는지 판단하고, 위반했다면 벌을 주지요. 모든 권한은 그것이 생겨난 목적에만 쓰여야 해요. 만약 그 권한을 저울에 올려놓는다면 권한은 각각의 접시 위에 있어야 하고, 모두 똑같은 무게를 가져야 해요. 그런데 한 사람이 법을 만들고 법을 지키는지 확인하고 처벌할 수 있다면, 자유로운 삶의 권리가 위협받을 수 있다는 점을 기억해 둬요.

몽테스키외(1689~1755)는 권력 분립에 관한 정치 이론의 아버지예요. 그는 여러 나라를 여행하면서 각국의 관습을 수집했어요. '소행성 7064 몽테스키외'는 그의 이름을 따서 붙여졌어요.

몽테스키외와 함께 생각해 봐요
게임을 하는데 한 친구가 규칙을 정해 지시하고, 규칙을 따르는지 확인하고,
최종적으로 게임에 남을 수 있는 사람을 결정하면 어떤 일이 생길까요?

강압적인 생각
볼테르

여러분은 외국인을 얼마나 알고 있나요? 여러분이 외국 학생들이 섞인 학급에 있다고 생각해 봐요. 일부 외국 학생은 여러분의 언어를 알지 못해 소통하는 데 어려움을 겪어요. 여러분은 친구들을 기꺼이 도울 의향이 있어요. 외국 친구들은 자기 나라의 풍습을 알려 줘요. 한 달 동안 해 질 때까지 밥을 먹지 못하는 친구도 있고, 색색의 모래로 우주를 그리는 친구도 있다는 사실을 알게 돼요.

인종, 문화, 종교의 차이를 문제로 여기는 사람들도 있어요. 편견 때문에 다른 것은 모두 위험하다고 생각하지요. 볼테르는 이런 행동 방식을 싫어했고, 편견이 우리를 관용 없는 사람으로 만든다고 말했어요. 관용 없는 사람은 자신이 무엇이 옳은지 안다고 확신하며, 그로 인해 자신이 더 낫다고 믿어요. 예를 들어 우리가 무엇을 생각해야 하는지, 우리가 어떤 종교를 따라야 하는지 우리를 대신해 자신이 결정하기를 원해요. 볼테르는 관용이 불관용보다 항상 선호되어야 한다고 믿었어요. 많은 사람에게 그 반대로 보일지라도 볼테르가 보기에는 관용이 더 유익해요.

사실 모든 사람이 똑같이 생각한다면 논쟁할 이유가 전혀 없을 거예요. 하지만 모두가 같은 방식으로 생각할 수는 없어요. 때로는 논쟁을 벌이더라도 다르게 생각하는 것이 좋아요. 볼테르는 관용이 모든 사상을 어느 하나 쫓아내지 않고 공존하게 만든다고 말했어요. 그의 유명한 말이 있어요. '나는 나와 다른 당신의 생각에 맞서 싸우지만, 당신의 생각이 자유롭게 표현될 수 있도록 내 목숨을 걸고 싸울 준비가 되어 있습니다.'

볼테르(1694~1778)는 계몽주의를 대표하는 인물이에요. 그는 백과사전 제작을 도왔고, 동화를 쓰기도 했어요. 작품에서 그는 불의를 비난하고 인간이 믿는 미신에 관해 이야기했어요.

볼테르처럼 해 봐요
볼테르에 따르면 다른 사람을 받아들이지 않는 관대하지 않은 사람들은 비난받을 만해요.
그러면 우리는 관대하지 못한 사람들을 관대하게 대해 줘야 할까요?

다 습관 탓이에요
데이비드 흄

해변에서 구슬을 가지고 논 적이 있을 거예요. 친구들과 커브와 다리가 있는 거대한 트랙을 만들었어요. 여러분의 빨간색 구슬이 좁은 통로로 들어가는데, 그 구슬 앞에 무시무시한 파란색 구슬이 놓여 있어요. 빨간색 구슬을 세게 치면 빨간색 구슬이 움직이면서 파란색 구슬도 움직이는데, 파란색 구슬은 빨간색 구슬 때문에 움직인 거예요. 여러분은 여러분의 구슬을 튕기면 다른 구슬을 움직이게 한다는 것을 알고 있어요. 하지만 어떤 일이 일어나는 것을 보지 못한다면, 어떤 일이 다른 일에 영향을 미친다는 것을 어떻게 알 수 있을까요?

잘 생각해 봐요. 빨간색 구슬이 파란색 구슬에 어떤 영향을 미치는지 말해 줄 수 있는 것이 없어요. 여러분은 빨간색 구슬에 부딪힌 후에 파란색 구슬이 움직이는 것만 볼 뿐, 빨간색 구슬 때문에 움직임이 일어나는 것은 보지 않아요. 이렇게 생각하게 만드는 것은 지금까지 구슬이 부딪혀 움직임이 일어나지만, 항상 그런 효과를 낳는 보장은 없다는 것을 보아 온 습관 때문이에요.

흄은 삶을 인도하는 것은 우리가 겪은 모든 경험에서 비롯된 습관이라고 말해요. 해변에서 구슬치기를 했던 경험이 구슬이 부딪히면 한 구슬이 다른 구슬을 움직이게 한다는 걸 알려 줬어요. 이런 것에 익숙해지면 분명 '과거에 그랬다면 앞으로도 이런 일이 또 있겠지!'라고 생각할 거예요. 이성만으로는 증명할 수 없더라도, 매일 아침 태양을 보는 데 익숙하지 않다면 어떻게 내일 다시 태양이 뜰 거라고 말할 수 있겠어요?

흄(1711~1776)은 감각이 제공하는 인상이 모든 참된 지식의 유일한 기초라고 믿었어요. 이 믿음을 바탕으로 사상을 만들었고, 경험에서 나오지 않는 것은 거짓이라고 판단했어요.

흄에게 도전해 봐요
집에 들어가자 폭풍우가 몰아치고 정전이 된 경험이 저는 세 번 있어요.
흄은 이 상황에서 뭐라고 말할까요? 여러분은요?

장 자크 루소

아름답고 화창한 일요일에 새 자전거를 타며 공원에 있는 모습을 상상해 봐요. 돌아다니다가 가게에 가서 맛있는 아이스크림을 먹느라 자전거를 한쪽에 세워 두었어요. 그런데 돌아와 보니 낯선 사람이 여러분의 자전거를 타고 있는 거예요. 여러분은 그가 여러분의 소유물을 가져갔기 때문에 화가 나서 말다툼을 해요. 누군가가 다른 사람의 것을 빼앗고 싶을 때 싸움이 일어나기 쉬워요. 철학자 루소에 따르면 싸움은 어떤 사람이 땅에 울타리를 치고 '이 땅은 내 것입니다'라고 말하고, 다른 사람들이 그의 말을 생각해 낸 날에 시작된다고 해요. 그 이전에는 '내 것'이라는 것이 없었거든요. 인간은 모두의 것으로 여겨진 자연 속에서 살았어요. 친구들과 함께 호수에 가거나 산에 하이킹하러 가는 것과 같아요. 그곳은 모든 사람의 소유이고, 누구도 자기 것이라고 주장할 수 없어요.

모든 사람이 자기 집, 정원, 자전거를 가진 세상에서 어떻게 싸움을 피할 수 있을까요? 루소에게 가장 좋은 해결책은 그가 '사회 계약'이라고 부른 협약을 맺는 것이었어요. 협약을 통해 사람들은 평화롭게 살기 위해 따라야 하는 규칙을 함께 결정하고, 자신이 선택한 국가에 이를 집행하는 임무를 맡겨요. 덕분에 사람들은 안전함과 자유로움을 느낄 수 있어요. 그들이 직접 따라야 하는 규칙을 결정했고, 다른 사람이 그들에게 규칙을 강요한 게 아니기 때문이에요. 이것이 자전거를 놔두고 아이스크림을 사 먹을 수 있는 민주주의 사회의 모델이에요. 협약을 위반하며 자전거를 가져간 사람은 자기 자신과 그 자신이 받아들인 규칙을 어긴 거예요.

루소(1712~1778)는 철학자이자 음악가였어요. 그는 사회를 강하게 비판했어요. 자연 상태에서 행복한 삶을 영위했던 인간에게 사회는 불행의 원인으로 보였기 때문이에요.

루소처럼 해 봐요
친구들과 함께 따라야 할 세 가지 규칙을 정하고 그 규칙을 지켜 봐요.
자유로움을 느끼나요?

임마누엘 칸트

빨리 커서 보호자 없이 원하는 곳 어디든 갈 수 있기를 간절히 바랄 거예요. 칸트에게 여러분이 성장했다는 것을 증명하는 것은 오직 한 가지, 즉 스스로 생각할 수 있는 용기뿐이에요. 선생님은 지구가 둥글다고, 엄마는 채소가 몸에 좋다고 말해 주면서 여러분 대신 생각해요. 여러분이 스스로 생각하는 법을 배우면서 다른 사람들이 여러분에게 상황을 일일이 알려 주지 않고, 자기 이성으로 상황을 알려고 노력할 때 여러분은 진정으로 성장하는 거예요.

인간은 지식의 주인공이고, 또 자기 자신이 지식의 주인공이라는 사실을 이해하는 것이 칸트가 일으킨 혁명이에요. 무슨 뜻일까요? 모든 지식에는 두 가지 요소가 필요해요. 꽃을 예로 들어 볼게요. 알아야 할 것, 즉 꽃과 그 꽃을 아는 사람이 필요하지요. 칸트 이전에는 모든 사람이 '꽃은 어떻게 생겼는가?'라고 물었어요. 칸트에게 올바른 질문은 '꽃을 아는 사람은 어떻게 생겼는가?'예요. 예를 들어 파리는 꽃잎을 사각형으로 보는데, 꽃잎이 사각형이 아니라 파리 눈이 사각형으로 꽃을 본다는 것을 생각해야 해요. 인간도 마찬가지예요. 단순히 꽃을 보는 것이 아니라 공간과 시간 안에서 꽃을 봐요.

공간과 시간은 파리의 사각형처럼 꽃 속에 있는 것이 아니라 여러분 이성의 특별한 눈 속에 있어요. 칸트에게 안다는 것은 우리 주변을 보기 위해 이성, 즉 이성의 눈을 올바르게 사용하는 것을 의미해요. 우리는 이성의 눈이 어떻게 만들어지는지 알아야 해요. 그렇지 않으면 어떻게 세상을 판단할 수 있겠어요?

칸트(1724~1804)는 역사상 가장 위대한 철학자 중 한 명이에요. 그의 사상을 '비판 철학'이라고 부르는 것은 그가 과학과 같은 가치와 확실성을 지닌 세계관을 구축했기 때문이에요.

칸트에게 도전해 봐요
화성에서 우주 비행사와 화성인이 같은 분화구 앞에 있다고 상상해 봐요.
그들이 같은 것을 볼 거라고 생각하나요?

체사레 베카리아

벌을 받은 적이 있나요? 벌은 항상 옳았나요? 벌은 항상 유용할까요? 어떤 때는 벌이 여러분의 실수를 깨닫게 해 주지만 어떤 때는 전혀 도움이 되지 않아요. 베카리아는 형벌에 관한 책을 썼는데, 그는 형벌을 신중하게 내려야 한다고 생각했어요. 어른이 되어 법을 어긴다는 것은 감옥에 간다는 의미일 수 있기 때문이에요. 형벌을 다루는 사람들은 신중해야 하고, 무엇보다 '이 형벌이 공정한가? 유용한가?' 하고 자신에게 물어봐야 해요.

여러분이 경찰관이고 도난 현장 주변을 서성이는 수상한 남자를 보더라도 그를 함부로 때릴 수 없어요! 그 사람은 몸이 약해서 곤봉을 맞을 바에는 자신이 범인이라고 말할 수도 있거든요. 판사는 그 사람이 범인이 아니라는 것을 깨달을 수 있지만, 그 불쌍한 사람은 곤봉에 맞아 뼈가 부러질지 몰라요. 혹은 범인인데도 고통을 참으며 자신이 무죄라고 계속 주장한다면 여러분은 그를 믿고 풀어 줄지 몰라요. 폭력은 옳지도 유용하지도 않아요. 베카리아는 범죄가 확인되면 형벌은 가장 덜 잔인해야 한다고 말해요. 형벌은 범죄자에게 해를 끼치는 게 아니라 범죄자가 잘못을 뉘우치고 다른 사람들이 그를 모방하지 않게 하는 데 필요하기 때문이에요. 형벌의 확실성, 즉 항상 모든 사람에게 형벌이 적용된다는 점은 범죄 예방에 도움이 될 거예요. 베카리아는 인간에 대한 큰 존경심을 보여 줘요. 실수를 저지른 사람은 형벌을 받아야 하는 의무가 있지만, 자신이 변했다는 것을 보여 주는 권리도 있다고 생각했어요.

베카리아(1738~1794)는 철학자이자 법학자였어요. 그는 고문과 사형에 반대한다는 주장을 공식화한 책 『범죄와 형벌』로 유명해요.

베카리아와 함께 생각해 봐요
벌이 도움이 되었나요?
실수에서 교훈을 얻었다고 생각하나요?

나와 나 아닌 것
요한 고트리이프 피히테

혹시 어린 사촌 동생이 있나요? 갓난아기 때의 사촌 동생을 기억하나요? 아이는 자주 엄마 젖을 찾았을 거예요. 그것은 모든 아기가 자신이 엄마와 하나라고 믿기 때문에 일어나요. 엄마의 젖가슴이 자기 몸의 일부라고 생각하기 때문이지요. 젖을 원하지만 어떤 이유로 젖을 먹을 수 없는 특정 시점이 되어서야 아이는 엄마의 가슴이 자신의 일부가 아니라는 것을 이해해요. 그리고 자기 몸에 경계가 있고, 그 경계 너머에 세상이 있다는 것을 발견하지요. 아이는 알기 시작해요. '나는 네가 아니다'라는 거예요.

실제로 피히테에게는 단 두 가지만 있어요. 한쪽에는 여러분, 즉 내가 있고 다른 쪽에는 나머지 세계인 나 아닌 것이 있어요. 나 아닌 것은 매우 중요해요. 나 아닌 것이 없다면 여러분은 무엇을 알 수 있겠어요? 물론 여러분은 여러분이 존재하는 유일한 것이고, '나는 나다'라고 말할 수 있을 거예요.

그렇게 되면 여러분은 자신과 비교할 것이 아무것도 없으므로 여러분 자신에 대해 어떤 것도 알지 못할 거예요. 사실 아기는 세상과 자신을 구별하면서 자신이 누구인지 발견해요. 그러면서 자유도 발견하지요. 세상이 없다면 원하는 것을 무엇이든 자유롭게 할 수 있다고 생각하나요? 하지만 변화시킬 대상, 극복해야 할 장애물, 관계를 맺을 사람들이 없다면 무엇을 하겠어요? 여러분의 자유는 무엇인가요? 아기가 울 때, 피히테는 아기가 인생이라는 지식과 자유의 멋진 장애물 코스를 준비하기 위해 나 아닌 것에 직면하기 시작했다고 말할 거예요.

피히테(1794~1814)는 모든 현실은 주체 활동의 산물이라고 주장했어요. 이런 식으로 그는 모든 지식을 하나의 원리, 즉 나 아닌 것과 반대되는 나 안에서 통합했어요.

피히테처럼 해 봐요
나 아닌 것, 즉 세상이 여러분에게 지식을 얻고 자유로워지게 해 준다면,
세상을 알수록 여러분은 더 자유로워진다는 뜻일까요?

게오르크 헤겔

여러분의 모든 성격

여러분이 누구인지 묻는다면, 일단 자신이 가진 것을 떠올릴 거예요. 그림을 잘 그린다는 것, 혼자 있을 때 여러분과 관계된 것들을 말해 줄 거예요. 여러분은 가족, 학급 등 공동체의 일원으로도 존재해요. 길을 건너려고 횡단보도에서 초록불을 기다리는 것과 같이 모든 사람이 따라야 하는 규칙이 있다는 것을 배웠어요. 또한 환경 오염 문제에 관심이 있다면 여러분이 자신에 대해 가진 생각은 지역 사회에 책임감을 느끼는 사람이라는 거예요. 하지만 이런 식의 자기 이해는 마치 자신을 사라지게 만드는 것과 같아요. 여러분은 단지 자신이 아닌 사회의 이름으로 생각하고 살고 행동하기 때문이에요.

헤겔은 이것이 여러 개의 성격을 가진 것과 같다고 말해요. 자신의 필요와 욕구를 가진 개인이면서 집단에 속해 있는 거예요. 집단에 속해 있다는 일념하에 모든 국민은 국가의 지도 아래 공존하는 법을 배웠어요. 그러나 헤겔에 따르면 우리는 국가에 속해 있지만 국가에 의존하지 않는 더 큰 존재라고 해요.

예를 들어 교회나 유대교 회당, 모스크에 들어가 사람들이 기도하는 모습을 볼 때 깨달아요. 신을 믿든 안 믿든 자신을 넘어서는, 국가를 넘어서는 거대한 무엇인가를 느끼기 때문에 어지러움을 느껴요. 종교와 마찬가지로 예술도 이미지나 음악을 통해 이 거대한 관념에 도달할 수 있어요. 철학은 이 관념을 말과 개념으로 바꾸려 하지요. 헤겔은 자신의 철학을 통해 이를 실현했어요. 점점 더 명확하고 더 큰 관념, 작고 혼자인 나에게서 시작해 모든 것과 하나가 되는 관념의 발전을 이야기했어요!

헤겔(1770~1831)은 관념론에서 가장 중요한 철학자였어요. 그는 '변증법'을 통해 유한과 무한, 이성과 현실의 관계 같은 철학사의 모든 문제를 다시 생각했어요.

헤겔에게 도전해 봐요
학교, 가족, 축구팀을 생각해 보세요. 여러분은 얼마나 많은 공동체에 속해 있나요?

세계의 교향곡
프리드리히 셸링

도시에서 가장 높은 빌딩에 올라가 봐요. 사람, 나무, 집, 거리 등을 볼 수 있어요. 그런데 여러분 위로, 여러분 너머에 구름과 하늘이 있어요. 모든 것을 보려면 비행기를 타면 돼요. 하지만 비행기에서도 항상 여러분이 보지 못하는 것이 있어요. 우주선에서 모든 것을 본다면 그곳에 있는 모든 것을 볼 수 있을까요?

모든 것을 있는 그대로 모두 볼 수 있는 관점이 있을까요? 셸링에게 이러한 관점은 절대적인 것, 즉 공간과 시간을 넘어서 존재하는 모든 것에 있는 것, 심지어 우리가 아는 모든 것을 넘어서는 것이에요. 이것은 여러분 안에도 숨어 있어요. 그것은 향수, 즉 그립고 필요로 하는 것에 대한 기억과 같아서 그것이 존재한다는 것을 여러분은 알고 있어요. 무한하지 않은 여러분은 여러분 안에 무한한 무엇인가를 갖고 있어요. 절대적인 것, 절대적이기 때문에 여러분을 넘어서는 것을 말이에요. 셸링은 절대적인 것을 모든 현실의 원리, 즉 인간과 자연 전체를 하나로 포괄하는 것으로 보았어요. 하지만 무한하고 모든 것 안에 존재하는 절대적인 것을 상상할 수 있을까요? 셸링은 절대적인 것에 대해 생각하게 해 주는 것은 예술이라고 해요. 음악에 대해 생각해 봐요. 한 악기가 다른 모든 악기 소리에 추가되고, 혼합되며, 소리를 만들어 내는 오케스트라를 상상해 봐요. 음악은 다양한 소리로 구성되어 있지만 그 모든 소리가 결합하여 하나로 느껴져요. 그 속에서 더 이상 플루트, 기타, 바이올린을 구별할 수 없고 하나의 무한한 포옹만 느낄 수 있어요.

셸링(1775~1854)은 헤겔, 피히테와 함께 독일 관념론의 아버지로 여겨져요. 그는 예술이 전체 철학의 유일한 '기관', 절대적인 것에 도달할 수 있는 유일한 수단이라고 생각했어요.

셸링처럼 해 봐요
절대적인 것을 표현하는 예술 작품을 만들어 봐요.

삶에의 의지
아르투어 쇼펜하우어

연말이면 한 해를 되돌아보고 멋진 미래를 위한 결심 목록을 만들곤 합니다. '이것을 하지 않을 수 있었고 저것도 하지 않을 수 있었어.' 나 자신에게 말을 걸기도 하고요. 쇼펜하우어는 그런 식의 생각이 실수라고 말해요. 여러분은 자신이 삶과 행동의 주인이라고 믿어요. '내 행동의 주인은 바로 나야!' '자고 먹고 놀고 싸우는 건 나야. 무엇을 할지 선택하는 것은 언제나 나야. 나는 아무 생각 없이 싹을 틔우는 풀잎과 달라!' 그렇게 말할 거예요.

쇼펜하우어에게는 상황이 그와 같지 않아요. 그의 생각에 따르면 우리의 행동을 이끌어 가는 '삶에의 의지'라고 부르는 것이 있어요. 그것은 풀잎을 자라나게 하는 것과 똑같아요. 아스팔트를 뚫고 나올 정도로 격정적인 힘으로 풀잎을 자라나게 하는 것과 같죠. 여러분은 스스로가 선택하는 유일한 사람이라고 생각하더라도, 여러분 안에는 삶에의 의지가 살아 있어요.

삶에의 의지가 원하는 것은 오직 한 가지, 바로 사는 거예요! 삶에의 의지는 인간이 종을 유지하길 원해요. 그러한 이유로 삶에의 의지는 종 보존 외에는 어떤 논리나 이유 없이도 생성할 가능성을 우리에게 던져 줘요. 그래서 남자와 여자가 사랑에 빠져 아이를 갖고 싶어 하는 거예요. 쇼펜하우어는 또한 인간이 종족 번식자가 되는 것을 거부할 수 있다고 말해요. 그렇게 하는 유일한 방법은 자신의 필요와 욕구(부모가 되고자 하는 욕구처럼)를 포기하는 거예요. 만약 그런 일이 일어난다면 장기적으로 인간은 사라질 것이고, 그것은 삶에의 의지가 계획한 것이 아니에요!

흔히 쇼펜하우어(1788~1860)를 비관주의 철학자라고 생각해요. 그에 따르면 인간은 의지의 손에 있으며, 자신의 모든 필요와 욕망을 포기할 때만 자유를 느낀다고 해요.

쇼펜하우어와 함께 생각해 봐요
쇼펜하우어는 여러분의 욕구가 환상이라고 말해요. 그 말에 동의하나요?

찰스 다윈

'코끼리의 기억력을 가지고 있다.' 이 말을 들어 보았나요? 코끼리가 많은 것을 기억한다는 사실에서 비롯된 말이에요. 현재 멸종된 코끼리의 조상 매머드가 코끼리처럼 좋은 기억력을 갖고 있었는지 누가 알겠어요······. 우리는 매머드가 더 이상 존재하지 않는 이유를 몰라요. 일부 동물종은 왜 멸종했을까요? 이것이 바로 다윈이 이해하려고 노력한 것이며, 그는 오늘날까지 유명한 이론을 만들었어요.

사자가 오랜 추격 끝에 가젤을 잡아먹는 다큐멘터리를 본 적이 있나요? 어쩌면 그 장면을 보고 불쌍한 가젤 때문에 기분이 좋지 않았을 거예요. 그러나 다윈은 생존하려면 동물끼리도 싸움이 필요하다고 말해요. 실제로 번식하면서 동물의 개체 수가 많아지고, 모든 사람이 먹을 식량이 부족해질 위험이 있어요. 사자와 가젤을 비롯한 모든 동물은 먹이를 찾기 위해 싸우고, 먹이가 되지 않기 위해 싸워요.

싸움뿐 아니라 기후도 연관되어 있어요. 생존하고 환경에 적응하기 위해 개별 동물은 변화하고, 그러한 돌연변이를 후손에게 전달해요. 어떤 동물은 추위를 견딜 수 있도록 두꺼운 털을 갖게 되고, 또 어떤 동물은 험준한 지형에서도 쉽게 이동할 수 있도록 미끄럼 방지 발굽을 갖게 돼요. 하지만 적응하지 못하는 동물은 매머드처럼 멸종해요. 그러면 인간은요? 이 진화에서 인간은 어디에 있을까요? 다윈에 따르면 인간은 원숭이와 같은 가장 진보한 포유류의 후손이라고 해요. 원숭이에 비해 인간은 자연 선택 덕분에 더 높은 지능과 언어를 갖게 되었어요.

다윈(1809~1882)은 영국의 박물학자이자 생물학자였어요. 그는 어렸을 때부터 전 세계를 탐험했고, 그러한 경험이 동물종의 기원에 관한 이론을 만드는 기초가 되었어요.

다윈처럼 해 봐요
1,000년 후의 세상을 상상해 봐요. 어떤 동물이 살고 있을까요?
인간은 지금의 모습과 같을까요?

120

선택하지 않는 것도 선택이다
쇠렌 키르케고르

산을 오르다가 어느 지점에서 여러 방향을 가리키는 표지판을 만났어요. '산 정상으로 가려면 이쪽으로 갑니다!' '골짜기 호수로 가려면 저쪽으로 갑니다!' 여러분은 무엇을 선택하나요? 어느 길로 가려 하나요? 이 선택의 문제는 키르케고르에게 아주 중요했어요. 그는 평범한 우리가 결정할 자유가 있지만, 죄수도 결정할 수 있다고 말했어요. 가능성이 너무 크다는 사실은 한편으로 우리가 원하는 모든 것을 할 수 있게 해 주지만, 다른 한편으로는 큰 혼란을 일으켜요.

생각해 봐요. 하나를 선택하면 다른 하나를 포기해야 해요. 그러다가 스스로 질문할 거예요. 나의 선택이 옳지 않다면? 내가 선택한 길이 나를 놀라게 한다면? 때때로 이런 경우가 있어요. '내가 동전을 던질게! 앞면이 나오면 호수로 가는 길을 택하고, 뒷면이 나오면 산꼭대기로 가는 길을 택하는 거야.' 하지만 중요한 일을 동전으로 결정하고 싶지는 않아요. 여러분의 본성이 어떤 것을 말하는데, 여러분의 머리는 다른 것을 말하고, 여러분의 가슴이 또 다른 것을 말하기 때문에 선택하기가 쉽지 않아요.

하지만 어느 시점에서는 선택해야 해요. 그거 알아요? 여러분이 내리는 선택은 여러분이 좋아하는 것과 싫어하는 것, 옳은 것과 불공평하다고 생각하는 것 등 여러분에 대해 많은 것을 알게 해 줘요. 선택함으로써 여러분은 다른 방식이 아닌 어떤 한 가지 방식을 원한다고 결정하는 거예요. 두려워하지 말고 꼭 기억해요. 선택하지 않는 것도 선택이기에, 선택을 피할 수 없다는 것을요.

키르케고르(1813~1855)는 실존주의의 아버지로 여겨져요. 그가 관심을 둔 것은 인간 전체를 이해하는 것이 아니라 각 개인의 존재 의미를 이해하는 것이었기 때문이에요.

키르케고르에게 도전해 봐요
여러분이 했던 가장 힘든 선택은 무엇이었나요?

카를 마르크스

친구 집에 놀러 가서 집짓기 게임을 해 본 적이 있나요? 여러분의 창작물에 생명을 불어넣는 데 필요한 레고 벽돌, 기어, 드라이버 등이 있어요. 집중해서 조립한 결과 최신 트랙터를 만들었어요. 게임이 다시 시작되고 친구에게 트랙터를 줘야 하지만 여러분은 그것을 꼭 쥐고 놓지 않아요. 친구가 트랙터는 자기 것이고, 자신이 집주인이니까 돌려줘야 한다고 말해요. 마르크스는 노동 방식에서도 똑같은 불의가 있다는 것을 발견했어요. 예를 들어 누가 그 건물을 지었나요? 레고 벽돌을 건물 짓기에 완벽하도록 기계를 작동한 작업자예요.

마르크스는 일을 하면 할수록 일한 사람은 그에게 속하지 않은 무언가를 더 많이 생산하게 된다고 말했어요. 그는 기계와 벽돌의 주인이 아니기 때문이에요. 자신에게 속하지 않은 것을 더 많이 생산할수록 그는 자기 자신과 멀어져요. 즉 소외되는 거예요. 시간, 관심, 기술 및 능력을 제공하는데도 노동자는 그 생산물에서 나오는 이익 중 절반만 주머니에 넣지만, 기계와 벽돌의 소유자는 손가락 하나 까딱하지 않고 나머지 절반을 얻기 때문이지요.

그것은 여러분의 에너지를 사용해 트랙터를 만든 다음, 벽돌이 여러분의 것이 아니라는 이유로 빼앗아 갈 때 여러분에게 일어나는 불의와 비슷해요. 더 기분 나쁜 건 그 순간에 또 다른 것을 뺏기고 있다는 느낌이에요. 여러분의 시간, 관심, 보살핌이 마치 아무런 가치도 없는 것처럼 취급되고 여러분은 자기 정체성의 기초가 되는 올바른 인식을 갖지 못하게 되는 거예요.

마르크스(1818~1883)는 철학자, 경제학자, 사회학자였어요. 자본주의 사회를 비판한 그의 사상은 공산주의 이념의 근본이었으며, 유럽과 세계의 역사 전체에 영향을 끼쳤어요.

마르크스처럼 해 봐요
어떻게 하면 장난감을 생산하는 공장이 위에서 설명한 불의를 극복할 수 있을까요?

윌리엄 제임스

여러분의 경험을 이야기해 달라고 하면 처음 스키를 탔을 때, 썰매를 탔을 때, 비행기를 탔을 때 등 여러분이 한 일과 배운 일, 간단히 말해서 과거에 여러분에게 일어난 갖가지 일을 떠올릴 거예요. 그러나 제임스에게 경험은 과거가 아니라 미래에 있어요. 아직 못해 본 경험을 생각하기는 어려운 것 같아요. 살아가면서 겪을 경험에 대해 생각해도 나중에 과거로 끝날 일로 보이기 때문이에요. 여러분은 미래의 경험이 무엇인지 알 수 없어요.

제임스에게 산다는 것은 행동하는 것을 의미해요. 오직 이 방법으로만 여러분이 알고 있는 것, 여러분의 확신을 시험할 수 있기 때문이에요. 행동할 때마다 여러분은 진실 또는 거짓이라고 믿는 것, 여러분의 생각에 기초해 그것을 행하고 위험을 감수해요. 무슨 일이 일어날지 미리 알 수 없고, 여러분이 생각하는 것이 어떻게 될지 예측할 수 있을 뿐이기 때문이에요. 오직 경험만이 여러분이 믿었던 것이 사실인지 아닌지를 말해 줄 거예요. 그리고 이 경험은 미래에 있어요.

이것을 증명하기 위해 제임스는 눈보라가 치는 동안 산속에 있는 자신을 상상해 보라고 했어요. 얼어 죽을지 모르니 가만히 있을 수 없어요. 앞에 두 개의 길이 있지만 둘 중 어느 길이 안전한지 알 수 없어요. 하나를 선택해 길 끝에 도달해서야…… 즉 미래가 되어서야 그 길이 올바른지를 알게 될 거예요! 제임스에 따르면 이 예는 모든 것에 적용된다고 해요. 여러분이 지금 하고 있고 하게 될 모든 것은 이미 했던 경험이 아니라 앞으로 하게 될 경험이기 때문이에요.

제임스(1842~1910)는 미국의 철학자이자 심리학자였어요. 그는 경험과 아이디어의 실제 효과에 기초한 실용주의의 창시자로 알려져 있어요.

제임스와 함께 생각해 봐요
어떤 것에 대해 예상했던 것을 다시 생각해 봐요.
예상하고 나서 미래에 겪은 경험이 여러분이 생각했던 것을 입증했나요?

진실의 문제
프리드리히 니체

친구들과 배구 경기를 하고 있어요. 여러분의 팀이 점수를 얻었지만 상대 팀에서는 공이 잡혔기 때문에 승점이 없다고 해요. 말다툼이 시작돼요. 여러분은 승점을 얻었다고 하고, 상대 팀은 그 승점이 무효라고 주장해요. 게임은 중단되고 혼란 속에서 서로에게 '이것이 진실이야!', '아니야, 너희가 틀렸어. 진실은 달라!'라고 말해요. 진실이 무엇인지 어떻게 결정할까요?

니체가 그 장면을 목격했다면, 진실은 우리가 안심하고 싶어 하는 것이라고 말할 거예요. 안정에 대한 필요는 우리가 무질서에서 질서를 가져오도록 강제해요. 여러분과 여러분의 친구들이 승점이 무효이고 다시 해야 한다고 결정한다면, 이것은 질서를 잡기 위해, 즉 다툼을 끝내고 경기를 이어 가는 데 필요한 진실이 돼요.

니체에 따르면 사실 우리가 진실이라고 부르는 것은 우리가 살아가는 데 항상 유용해요. 생각해 보면 세상의 사물이나 사실이 '진실'이라고 써진 푯말을 붙이고 돌아다니지는 않아요. 우리가 진실이라는 것을 해석하고, 여러 가능성 중에서 무엇이 진실인지 선택하는 거예요. 그리고 우리는 의지 덕분에 선택할 수 있는 힘을 갖고 있는데, 의지는 우리가 세상을 특정한 방식으로 보고 알 수 있게 해요. 어떤 것이 진실이라고 말할 만큼 강한 의지가 없다면, 아무것도 알 수 없고 살아갈 수도 없는 세상이 될 거예요. 승점이 무효라는 것이 사실이라고 인정한다면, 싸움을 끝내고 친구들과 경기를 이어 갈 수 있어요.

니체(1844~1900)는 서구 철학의 모든 결함을 드러냈어요. 도덕적 영역에서도 그는 모든 사람이 인정하는 미덕에는 항상 악덕이 숨겨져 있다는 것을 깨달았어요.

니체에게 도전해 봐요
어떤 것이 유익해서 진실이라고 한다면, 좋은 목적으로 한 거짓말도 유익할까요?

지그문트 프로이트

이야기를 만들 때 원하는 모든 것을 실현할 수 있어요. 백일몽을 꿀 때도 마찬가지예요. 도시 위를 날아다니거나 시간 여행을 상상해요. 그다음 잠에 빠져 꿈을 꾸지만, 꿈은 깨어 있을 때 만드는 이야기와 달라요. 마치 눈을 감고 있으면서 다른 사람이 하는 이야기를 보는 것 같기 때문이에요. 프로이트는 꿈에 매료되어 자신의 꿈뿐만 아니라 많은 사람의 꿈을 연구했어요.

프로이트는 우리가 깨어 있을 때 만족할 수 없는 욕망을 꿈에서 표현한다는 것을 발견했어요. 깨어 있을 땐 우리가 욕망을 부끄러워하거나 욕망을 드러내는 것이 좋지 않다고 배웠기 때문이에요. 프로이트는 깨어 있는 삶을 조절하는 의식과 구별하기 위해 이를 '무의식'이라고 불렀어요. 좋지 않았던 부분을 잘라 내고 거기에 낮에 일어났던 일들 중 일부를 조금 바꾸어서 집어넣어요. 여러분의 집이 진짜가 아니거나, 움직이지 않는데 여러분이 걷고 있는 것 같은 기괴한 일을 채워 넣죠!

이렇게 조금 이상한 이야기에는 숨겨진 의미가 많아요. 프로이트의 임무는 그 의미를 밝혀 그것이 우리에게 말하고 싶은 것, 즉 우리의 욕망, 두려움을 드러내는 것이었어요. 그뿐만 아니라 꿈이 없으면 우리는 잠을 잘 수 없을 거예요. 욕망이 밤새도록 우리를 방해하기 때문이에요. 오늘 밤 잠들기 전, 꿈은 여러분의 잠을 지켜 주는 수호자라고 생각해 봐요. 그리고 나쁜 짓을 해서 한밤중에 깨더라도 걱정하지 말아요. 꿈도 게으를 때가 있어서 여러분을 지켜 주지 못하고 잠들었던 것뿐이니까요!

프로이트(1856~1939)는 각자의 무의식에 기초한 이론인 정신 분석학의 창시자예요. 그는 무의식 때문에 우리의 의식, 자아가 '자기 집의 주인이 아니다'라고 말해요.

프로이트처럼 해 봐요
최근에 꾼 꿈의 의미를 생각하며 숨겨진 욕망을 찾아봐요.

에밀 뒤르켐

생명은 가장 소중하기 때문에 여러분은 자신의 생명을 소중히 돌봐요. 길을 건너기 전에 차가 없는지 확인하고, 수영하다 숨을 쉬기 위해 수면 위로 떠오르는 식으로요. 두려움은 위험한 상황에서 여러분을 안전하게 지켜 주기 때문에 여러분을 두렵게 하는 것이 생명을 돌보기도 해요.

동서양을 막론하고 자신이 가진 가장 소중한 것을 잊어버린 사람들이 늘 있어요. 침몰하는 배의 선장이 모든 선원에 대한 책임감을 느껴 배와 함께 가라앉기로 했다는 이야기를 들어 본 적이 있을 거예요. 명예를 지키지 못해 스스로 목숨을 끊는 무사의 이야기도 들어 보았을 거예요. 노예 제도가 있었던 시대를 생각해 봐요. 일부 노예들은 고통을 견디다 못해 죽고 싶어 했어요. 뒤르켐은 사람들이 때때로 생존 본능에 어긋나는 행동을 하는 이유를 찾는 데 집중했어요.

생존 본능에 맞서게 되는 이유 중 일부는 외부에서 보면 어리석은 것 같지만, 내부에서 보면 엄청난 이유가 될 수 있어요. 너무 외로워서 학급이든 친구 모임이든 어디에도 속해 있지 않다고 느낄 때처럼요. 규칙이 없다면 길을 잃을 수도 있지만, 너무 엄격한 규칙에 숨이 막히는 것 같을 때처럼요. 뒤르켐은 이런 함정에 빠지지 않기 위해 항상 다른 사람, 세계와 유대 관계를 만들어야 한다고 말해요. 이를 통해 우리 각자는 자신이 누군가에게, 때로는 특별한 방식으로 중요하다는 것을 깨달을 수 있어요. 모든 사람의 삶은 특별하니까요.

뒤르켐(1858~1917)은 사회학자, 철학자, 인류학자였어요. 현대 사회학의 창시자인 그는 전체 중 일부로 분석되어야 하는 '사회적 사실'을 연구했어요.

뒤르켐과 함께 생각해 봐요

여러분의 생명을 조심히 돌보았던 때를 생각해 봐요.
여러분이 그렇게 할 수 있도록 다른 사람이 도와주었나요?

나와 나무
에드문트 후설

친구들과 함께 공원에 있어요. 날이 더워서 몇 시간 동안 놀고 난 후 쉴 만한 그늘진 곳을 찾고 있어요. 여러분은 잎이 무성한 나무를 보고 그곳이 적합하다고 생각해요. 큰 뿌리 사이에 앉아 잎이 무성한 가지가 만든 시원한 그늘을 즐겨요. 생각 없이 무심코 한 이 행동은, 후설에 따르면 매우 구체적인 의미가 있다고 해요. 여러분이 앉은 나무는 항상 그 자리에 있고, 여러분은 그 나무가 그 자체로 존재한다고 생각해요.

예전에 그늘에서 쉬고 싶을 때 여러분은 그 나무를 바라보며 의미를 부여했던 거예요. 여러분은 햇빛이 닿지 않고 앉기에 편안한 장소를 찾고 있었어요. 그 나무를 꼭대기에서 밑동까지 샅샅이 살폈어요. 여러분은 무성한 잎이 드리운 그늘과 뿌리의 모양을 보고 그 사이 공간이 앉기에 아주 좋다고 생각했어요. 그 나무는 더 이상 여러분과 독립적으로 존재하는 것이 아니라 여러분이 경험한 대로 여러분에게 보인 거예요.

다른 날 여러분은 다양한 종류의 나뭇잎을 조사하기 위해 그 공원에 다시 갔어요. 그러한 의도가 이번에는 나뭇가지에 붙어 있는 이파리의 모양과 색깔에 시선을 집중하게 했어요. 이제 그 나무는 여러분의 의도가 부여한 새로운 의미로 가득 찬 것처럼 보여요. 후설에게 세상은 여러분과 별도로 존재하는 것이 아니라 여러분에게 나타나는 대로 존재해요. 감정, 호기심, 알고자 하는 욕구 등 여러 가지 방법으로 세상을 경험해요. 편안하게 쉴 자리를 찾을 때도 그런 경험이 유용했던 거예요!

후설(1859~1938)은 인간과 세계의 관계를 연구한 현상학의 아버지예요. 현상학은 기존 경험을 다루고 사람마다 변하지 않는 측면만 고려해요.

후설처럼 해 봐요
자전거 타이어를 교체해야 해요. 차고를 들여다보니 무엇이 보이나요?
여러분의 자전거가 보이나요? 아니면 새 타이어가 필요한 이동 수단이 보이나요?

눈사태다!
앙리 베르그송

시간이 빨리 지나갈 때가 있어요. 특히 즐거운 시간을 보내고 있다면 더욱 빨리 가죠. 또 어떤 시간은 길게 느껴져요. 지루한 경우 더욱 그렇죠. 그렇다면 시간은 같은 속도로 흐를까요? 베르그송에 따르면 여러분 내면에서 경험하는 것, 즉 생각, 기억, 감정, 욕망은 시계의 시간과 전혀 상관없어요. 시계를 사용하면, 예를 들어 물이 끓는 데 걸리는 시간을 측정할 수 있어요. 시간은 동일하게 흘러가며, 불꽃이 꺼지면 다시 시간을 계산할 수 있어요.

사람들이 자기 내면에서 살아가는 시간은 눈사태와 같기 때문에 이렇게 셀 수가 없어요! 눈사태는 하나의 몸체예요. 눈사태가 시작된 첫 번째 눈 조각은 내려갈수록 점점 더 많은 눈이 결합하여 모든 것을 섞고 계속 모양을 바꿔요. 가파른 경사면에서는 속도가 빨라지고 눈이 더 많이 쌓이고, 완만한 경사면에서는 속도가 느려지고 눈이 덜 쌓여요.

한 가지 확실한 점은 어떤 것은 되돌릴 수도, 복제할 수도 없다는 거예요. 여러분의 '내부' 삶이 바로 그래요. 여러분은 한순간 한순간을 나눌 수 없어요. 여러분이 이 책을 읽고 있는 순간을 생각해 봐요. 지금은 여러분의 현재이지만, 현재는 여러분이 글을 읽는 법을 배웠을 때의 과거를 일부 포함하고 있을 뿐만 아니라 미래도 포함하고 있어요. 눈사태처럼 여러분의 시간도 거꾸로 돌아가지 않아요. 실수를 후회해도 실수를 지울 수는 없어요. 느리든 빠르든 내면의 시간은 항상 앞으로 나아가며, 여러분의 현재는 과거와 미래를 함께 갖고 있어요.

베르그송(1859~1941)은 대학교수였어요. 그의 사상은 직관주의로 알려져 있는데, 인간의 의식은 엄격한 과학적 방법으로 파악할 수 없다고 주장했기 때문이에요.

베르그송에게 도전해 봐요
각설탕이 물에 녹는 데 시간이 얼마나 걸리나요?
실험 중에 여러분의 '내부' 시간은 같은 속도로 흘러갔나요?

136

존 듀이

음식도 옷도 없이 정글에 있는 여러분의 모습을 상상해 봐요. 큰 문제가 생길지 몰라요. 사실…… 문제가 꽤 많아요! 하지만 듀이에게는 완벽한 상황이 될 거예요. 그에게는 모든 문제가 보물이고, 아이디어는 바로 문제에서 나오기 때문이에요. 정글에서는 몸을 가리고 음식을 찾고, 시간을 보낼 놀이와 자기 몸을 지킬 방어 전략을 짜느라 최선을 다해야 해요. 그렇게 하면 잊지 못할 많은 아이디어가 떠오를 거예요. 문제를 경험하면서 여러분 스스로 아이디어를 발전시켰을 거고요.

듀이에 따르면 이 경험은 수많은 이론보다 더 가치 있다고 해요. 이것이 바로 학교에서 단순히 수업 내용을 외우기만 하면 훌륭한 아이디어를 얻을 수 없는 이유예요.

정글에서 동료와 함께라면 힘든 상황을 더 잘 이겨 나가지 않을까요? 듀이에게도 함께 배우는 것이 더 가치 있어요. 그룹 활동을 할 때 여러분은 모두가 얼마나 다른지, 자신의 생각을 비교하면서 다시 검토합니다. 그 과정에서 합의점을 찾기 위해 얼마나 노력해야 하는지 깨닫게 돼요. 최종 결과가 얼마나 놀랍고 모두에게 감사해야 하는지도 깨닫게 돼요! 같은 목적을 위해 함께 참여하는 것이 민주주의의 아름다움이에요. 문제에서 아이디어가 나오고, 사람이 많으면 문제가 늘어나지만 더 나은 아이디어로 이어질 수도 있어요. 그렇다면 함께 생각한다는 것은 좋은 아이디어가 넘쳐 나는 대규모 건설장을 짓는 것을 의미해요!

듀이(1859~1952)는 미국의 철학자이자 교육자였어요. '도구주의'라고 불리는 그의 사상은 나와 타인 사이의 일상적인 관계에서 파생되는 교육적·사회적 경험 개념에 기초하고 있어요.

듀이와 함께 생각해 봐요
경험이 무엇인지 친구들과 함께 이야기해 봐요.
경험에 대해 여러분이 내린 정의와 친구가 내린 정의 중 어느 것이 더 마음에 드나요?

막스 베버

반 친구들 중 한 명이 수업 시간에 다른 친구의 숙제를 베껴요. 여러분은 어떻게 행동하나요? 숙제를 베끼는 건 옳지 않다고 알고 있어요. 이 원칙에 따라 여러분은 선생님에게 그 사실을 전해요. 이렇게 옳다고 생각되는 행동을 '윤리'라고 해요. 베버에 따르면 이 경우에 여러분은 의도 윤리를 따른 거예요. 부당한 것을 고발했기 때문에 여러분의 의도는 옳아요. 그런데 행동의 결과는 어떤가요? 그 친구는 아마도 벌을 받을 거예요. 여러분은 친구가 아픈 엄마를 돕느라 숙제를 할 수 없었다는 것을 알게 돼요. 하지만 여러분은 자신의 잘못이 아니라고 생각해요. 여러분의 행동은 옳고, 숙제를 하지 않은 건 그 친구니까요.

그러나 여러분은 다른 결정을 내릴 수도 있어요. 자신의 행동이 가져올 결과에 대해 책임감을 느껴 선생님에게 말하지 않고 친구와 대화하기로 해요. 이 경우, 베버에 따르면 책임 윤리를 따르는 것이에요. 이는 의도가 좋아도 결과가 좋지 않을 수 있다고 생각하기 때문이에요. 그렇다면 결과에 대해 생각하지 않고 원칙을 따라야 할까요, 아니면 원칙과 상관없이 무슨 일이 일어날지 예측해야 할까요? 사실 우리는 받은 가르침, 자신의 종교, 다른 사람들이 우리의 생각과 행동에 얼마나 영향을 미치는지에 따라 사실을 해석하기 때문에 무엇이 옳은지 이해하는 것이 명확하지 않아요. 여러분은 친구가 숙제를 베꼈다고 선생님에게 말할 수도 있고 말하지 않을 수도 있지만, 책임 윤리는 여러분이 선택한 결과를 예견해야 한다고 말해요. 보다시피 좋은 것이 반드시 좋은 것에서 나오지는 않기 때문이에요.

베버(1864~1920)는 뛰어난 철학자이자 사회학자였어요. 그는 모든 사람이 행동을 촉발한 의도가 아니라 행동의 결과에 응답해야 한다는 책임 윤리를 주장했어요.

베버처럼 해 봐요
여러분이 무엇을 해야 옳은지 결정해야 하는 상황을 떠올려 봐요.
여러분은 어떤 윤리를 따랐나요?

버트런드 러셀

세상이 현실이고, 꿈의 결과가 아니라는 것을 어떻게 알 수 있을까요? 주변의 모든 것을 보고 만질 수 있기 때문이라고 말할 거예요. 다른 사람들도 그렇게 말할 거예요. 하지만 여러분이 알고 있는 것들을 어떻게 알 수 있나요?

러셀의 생각에 따르면 감각을 통해 직접적인 경험을 하면서 알 수 있다고 해요. 감각은 매일 아침 식사 때 사용하는 컵은 녹색이고, 어떠한 모양을 가지고 있다고 알려 주죠. 창문을 통해 들어오는 햇살이 컵을 비추면 컵의 한쪽은 더 밝아지고, 다른 쪽은 어두워지는 것을 알 수 있어요. 방의 한 지점에서는 특정한 방식으로 컵을 볼 수 있지만, 방의 다른 지점에 서 있으면 컵을 다르게 볼 수 있어요. 그렇다면 실제로는 어떨까요?

러셀은 컵을 볼 때 제공되는 모든 정보를 통해 컵을 알 수 있다고 말해요. 그런데 컵을 볼 수 없을 때도 컵이 계속 존재하는 걸까요? 러셀에 따르면 그건 알 수 없다고 해요. 왜냐하면 컵 자체가 어떻게 생겼는지, 즉 컵을 보는 방식과 별개로 컵이 어떻게 생겼는지 알 수 없기 때문이에요. 하지만 경험할 때마다 컵이 계속 동일한 정보를 제공한다고 예상할 수 있어요. 컵에 대한 꿈을 꾸면 어떨까요? 꿈에서는 깨어 있을 때와 같은 유형의 정보를 갖지 못할 것이고, 다른 사람들이 꿈에서 컵을 어떻게 볼지 알 수 없어요. 실제로 어떤 것인지 알지 못하는데도 어떤 것이 실재한다고 말하기 위해 우리가 가진 유일한 방법은 '현실'이에요.

러셀(1872~1970)은 '언어가 현실의 표현'이라는 개념을 발전시켰어요. 논리학자이자 철학자인 그는 이성의 사용과 생각의 자유를 굳게 믿었어요.

러셀과 함께 생각해 봐요
어렸을 때 놀러 갔던 곳을 다시 가 보세요.
지금은 그곳이 어떻게 보이나요? 더 크게, 더 작게? 아니면 똑같아 보이나요?

빛보다 빨리
알베르트 아인슈타인

자신보다 더 빠른 사람이 없다고 말하기 위해 '나는 빛보다 빨리 달려!'라고 말한 적이 있을 거예요. 그런데 빛이 얼마나 빠른지 아나요? 아인슈타인은 빛보다 빠른 속도, 즉 초당 30만 킬로미터 이상의 속도로 이동하는 것은 없다는 사실을 발견했어요! 인간의 성질은 빛의 성질과 다르므로 여러분은 이 속도로 갈 수 없어요. 여러분은 물질, 즉 몸으로 만들어졌어요. 그렇다면 빛은 무엇으로 만들어졌나요? 많은 사람이 이 질문에 답하려고 노력했어요.

아인슈타인 이전에는 빛이 미립자, 즉 기관총에서 발사되는 총알처럼 아주 작은 입자로 이동한다고 믿었어요. 나중에 빛은 물에 조약돌을 던질 때 보이는 것과 같은 물결 형태로 퍼진다는 것이 발견되었어요. 두 이론 중 어느 것이 사실일까요? 빛은 발사된 총알과 같은 것일까요, 아니면 물결과 같은 것일까요? 아인슈타인에게 그것은 둘 다이기도 하고, 둘 다 아니기도 해요! 참으로 놀라운 대답이에요!

아인슈타인은 철학자이자 과학자였어요. 그는 빛이 에너지 덩어리로 이동하고, 다른 입자와 만날 때는 총알처럼 움직이고, 공간을 통해 퍼질 때는 물결처럼 움직인다는 것을 이해했어요. 따라서 모순되는 것처럼 보이는 두 가지 모두 사실일 수 있어요. 아마도 아인슈타인이 우리에게 주는 가장 중요한 가르침은 모든 사람에게 불가능해 보이는 일이 가능하다고 믿는 거예요. 아인슈타인이 말했듯이, 과학적 발견은 끊임없이 경이로운 갈등을 겪어요!

아인슈타인(1879~1955)은 역사상 가장 유명한 물리학자이자 과학자예요. 그는 광전 효과를 발견해 노벨상을 받았지만, 그의 명성은 상대성 이론과 관련되어 있어요.

아인슈타인처럼 해 봐요
모순되는 것처럼 보이지만 사실인 두 가지를 찾아봐요.

카를 야스퍼스

다이빙을 배우고 싶을 때와 같이 무언가에 전념했지만 성공하지 못한다면 여러분은 자유가 제한된다고 생각할 거예요. 원하는 것을 얻으려면 극복할 수 없을 것 같은 어떤 장애물을 처리해야 한다는 것을 깨닫죠. 야스퍼스는 포기하지 말라고 말할 거예요. 오직 해 나가고 노력하고 결정함으로써 정말로 존재한다는 것을 확신할 수 있기 때문이에요.

그것이 자유이고, 자유는 항상 여러분과 다른 사람들의 행동과 선택에서 비롯돼요. 한 가지 일을 선택하고, 다른 일을 선택하지 않아요. 어떤 방법만 결정하고, 다른 방법은 결정하지 않아요. 바로 이 자유 속에서 여러분은 자신을 찾아가요. 그러나 자유 속에서 길을 잃을 수도 있어요. 예를 들어 언젠가 할아버지, 할머니가 세상에 계시지 않을 거라고 생각하자 슬픔이 덮치며 한계가 와서 앞길을 막는 것과 같은 느낌을 받을 때처럼요. 인생은 정확한 공식이 아니라 가능성과 시도로 만들어지기 때문에 그런 일이 일어나요…….

그렇다면 무엇을 해야 할까요? 인생을 바다 항해라고 생각해 보세요. 항해를 방해하는 바위와 폭풍 때문에 늘 위험하고 한계에 노출돼요. 그러나 눈을 감고 한계를 정면으로 바라본다면 진정한 자신을 발견할 수 있어요. 망망대해에서 수천 가지의 불확실성 중에서 열린 자신을 발견하는 사람은 바로 여러분이에요. 여러분은 항상 여러분이 알고 있는 것 이상이고, 여러분 자신을 알 수 있어요. 야스퍼스의 말처럼, 목적지를 모르더라도 진로를 따라가야 해요.

야스퍼스(1883~1969)는 정신 병리학자이자 철학자였어요. 그는 철학을 자신의 한계를 지속적으로 경험하는 동시에 그 너머에 있는 것을 확인하려는 욕구인 '존재의 명료화'라고 생각했어요.

야스퍼스에게 도전해 봐요
자신의 한계를 넘어섰던 때를 생각해 봐요. 한계를 느꼈을 때 무슨 일이 일어났나요?
한계가 없어졌나요, 아니면 다른 것으로 이동했나요?

그림과 액자
호세 오르테가 이 가세트

여러분의 집에도 그림이 걸려 있을 거예요. 수많은 그림이 전시된 미술관과 갤러리를 떠올려 봐요. 여러분이 본 그림들 중에 밝은 색상이 많거나 특별한 장소를 연상시키기 때문에 좋아하는 그림이 있을 거예요. 눈을 감으면, 여러분이 잘 알고 있는 그림 속에 무엇이 그려져 있는지 기억할 수 있을 거예요. 그런데 그림이 담긴 액자도 기억나요? 액자가 기억나지 않나요? 그림은 액자 속에 살아 있어요……. 그런데 왜 액자를 기억하지 못할까요?

오르테가 이 가세트는 이 미스터리에 대한 설명을 찾아냈어요. 액자는 아주 중요한 일을 해요. 액자가 없으면 이미지가 그림의 네 면에서 쏟아져 나와 공중으로 흩어지는 것처럼 보이지요. 이상한 점은 액자가 '일하지 않는' 경우, 즉 액자가 그림 주변에 없을 때 액자를 본다는 거예요. 반면 액자가 일하면, 즉 그림이 끼워져 있을 때는 액자가 보이지 않아요. 뭔가 마법 같은 것이 있는 게 아닐까요?

오르테가 이 가세트에 따르면 그림은 바다로 둘러싸인 것이 아니라 방에 있는 물건들, 바닥, 사람들, 그림이 걸려 있는 벽으로 둘러싸인 상상의 섬과 같다고 해요. 바로 이 때문에 그림을 둘러싼 모든 것과 섞이는 것을 방지해 주는, 벽이나 캔버스가 아닌 액자와 같은 것, 주변의 벽이 우리를 산만하게 하지 않고 그림의 세계로 뛰어들게 해 주는 것이 있어야 해요. 액자는 조용히 우리를 다른 차원, 즉 액자 없이는 몰입할 수 없는 백일몽으로 데려가요.

오르테가 이 가세트(1883~1955)는 스페인의 철학자이자 언론인이었어요. 그는 간결하고 이해하기 쉬운 언어를 사용해 모든 사람이 철학을 가까이할 수 있도록 했어요.

> **오르테가 이 가세트처럼 해 봐요**
> 주변 풍경을 바라봐요. 한 지점에서 빈 액자를 잡고 액자 안 풍경을 들여다봐요.
> 무엇이 보이나요? 뭔가 바뀌었나요?

148

집, 즐거운 집!
가스통 바슐라르

집을 수없이 그려 보았을 거예요! 바슐라르는 시 연구에서 집을 다루었어요. 그는 시가 어떻게 우리를 환상에 빠지게 만드는지, 왜 때때로 시인의 말이 우리의 말 같아서 우리가 쓴 것처럼 보이는지 이해하고 싶었어요. 시인과 내가 서로를 알지도 못하는데 어떻게 이런 일이 가능할까요? 바슐라르에 따르면 모든 사람에게 속하고 우리의 살아 있는 마음에 감동을 주는 상상의 공간이 있기 때문이라고 해요. 집도 그중 하나죠.

시인이 집의 이미지를 제시할 때 우리는 시인의 집이 아니라 우리가 태어난 집을 보는 거예요. 집은 우리에게 살아가는 법을 가르쳐 준 최초의 우주이기 때문이에요. 사실 이사를 하면 새집을 옛날 집과 같은 방식으로 경험하려고 노력해요. 비록 새집이 아득하지만 현재까지 생생한 꿈처럼 우리 안에 남아 있는 옛 냄새와 추억을 가지고 있지 않더라도 말이에요.

집은 우리를 보호하는 피난처이자 우리의 생각을 지켜 주는 보금자리예요. 집 안에는 지하실로 내려가거나 다락방으로 올라가는 계단이 있어요. 거실, 침실, 옷장, 그리고 보여 주고 싶지 않은 물건을 보관하는 서랍이 있어요. 집 밖에는 창으로 보는 세상이 있어요. 아마도 우리 안에는 집 같은 것이 있어요. 계단과 비밀 서랍이 있죠. 그리고 문이 있어요. 우리는 마음의 문을 닫아 둘 수도, 열어 둘 수도 있어요. 바슐라르는 시인은 항상 그 문을 조금 열어 두고 있다고 말해요. 그래서 우리가 시를 읽을 때 항상 집에 있는 것 같은 편안함을 느끼는 걸까요?

바슐라르(1884~1962)는 프랑스의 과학 철학자였어요. 그는 공간, 꿈, 공기, 불에 대한 시학을 통해 인간은 생각보다 이미지에 영향을 받는다고 주장했어요.

바슐라르와 함께 생각해 봐요
밖에서 본 꿈의 집을 그려 봐요. 상상한 집의 내부 설계도를 그려 봐요.

루트비히 비트겐슈타인

언어가 게임 같다고 생각해 본 적이 있나요? 비트겐슈타인에 따르면 언어를 사용하는 것은 자신만의 규칙이 있는 게임을 하는 거라고 해요. 집짓기 게임을 해 보았을 거예요. 벽돌을 쌓아 집, 성, 우주선 등을 만들며 다양한 놀이를 할 수 있어요. 벽돌의 모양, 색깔, 조립 방식에 따라 다른 결과가 나올 거예요. 마치 다른 단어를 특정 방식으로 조합하면 상황에 따라 다른 사실이 전달되는 것과 같아요.

만약 아빠가 엄한 목소리로 '말썽꾸러기'라고 말한다면, 그건 야단치는 소리예요. 하지만 아빠가 웃으며 말한다면, 그건 농담하며 장난치는 거예요. 학교나 집에서 매일 사용하는 단어들을 생각해 봐요. 비트겐슈타인이 생각하기에 단어들은 많은 생명을 갖고 있어서 각각에 맞는 생명을 갖고 있는 듯해요. 이러한 특성은 혼란을 일으킬 수 있어요. 단어를 사용해 보면 단어의 다른 의미를 발견할 수 있어요. '말'이라는 단어는 질주하는 말이나 목마를 가리킬 수 있죠. 승마를 하거나 장난감 상자 앞에 있는 경우에 '말'이라는 단어는 다르게 사용돼요.

비트겐슈타인에 따르면 실제로 단어는 단어의 가능한 모든 의미를 표현하지 않는다고 해요. 의미는 해당 단어가 뜻하는 의미와 말하는 방식에 따라 달라져요. 이런 식으로 단어의 의미를 발견하는 과정에서 생각도 명확해지고, 자기 의도를 표현하고 다른 사람의 의도를 이해할 수 있어요. 이것이 바로 언어가 게임 같은 이유예요. 게임을 해야만 게임을 이해하고 배울 수 있는 것과 같죠.

비트겐슈타인(1889~1951)은 위대한 언어 철학자였어요. 그는 초등학교와 대학교에서 학생들을 가르쳤고, 『논리 철학 논고』는 그가 쓴 가장 중요한 책이에요.

비트겐슈타인에게 도전해 봐요
여러분은 친구를 만나서 "날씨가 참 좋지?"라고 말해요.
친구는 "아니, 오늘은 좋은 날씨가 아닌데!"라고 대답해요. 이 의사소통에 어떤 문제가 있나요?

마르틴 하이데거

이 세상에서 무엇을 하고 있는지 스스로에게 물어본 적이 있나요? 세상에서 사는 것은 컨테이너 안에 있는 것과 같지 않고, 세상 속의 우리는 바구니에 던져진 인형과 같지 않아요. 하이데거에게 인간은 실제로 세상에 '던져졌지만', 그가 '현존재'라고 부르는 특별한 방식으로 세상에 있어요. 인형은 다른 물건과 마찬가지로 거기에 있어요. 인형은 안기거나 잡아당겨지는 것에 신경 쓰지 않아요. 인형은 '사물'일 뿐이니까요.

여러분은 세상에 있지만 여러분의 존재는 세상과 소통해요. 여러분이 속해 있는 사람들과 사물들은 여러분에게 중요하기 때문이에요. 그들은 끊임없이 여러분을 특정 상황에 떠밀고 참여시키고, 여러분은 그들의 자극에 반응해요. 그들이 여러분에게 의미를 주는 것처럼 여러분도 그들에게 의미를 줘요. 그리고 관계를 결정하는 건 바로 여러분이에요.

여러분은 사물에 의미를 부여하지 않을 수 있어요. 친구와 채팅을 하지만 말할 내용을 금방 잊어버리는 것처럼요. 하지만 하이데거에 따르면 사물에 의미를 부여하지 않으면 바구니에 던져진 인형처럼 사물의 하나로 살아가게 돼요. 또는 인간 존재로 세상에 속해 있으면서 주변의 사물과 사람들에게 의미를 부여할 수도 있어요. 오직 여러분만이 자신의 현존재를 결정하지만, 하이데거와 함께 여러분은 한 가지 사실을 생각해야 해요. 모든 사람이 태어나고 죽기 때문에 삶은 무한하지 않다는 거예요. 이것을 생각하면 사람처럼 살지, 인형처럼 살지 중 하나를 선택하기가 훨씬 쉬워질 거예요!

하이데거(1889~1976)는 20세기의 가장 위대한 사상가 중 한 명이에요. 그의 철학은 인간과 주변 세계의 관계에 대한 존재의 의미를 질문했어요.

하이데거와 함께 생각해 봐요
나무를 오르는 것과 같이 깨어 있는 동안 경험한 일을 생각해 봐요.
만약 나무에 오르는 꿈을 꾼다면, 이 두 가지 경험의 차이점은 무엇일까요?

안에서 울리는 북
에디트 슈타인

친구와 이야기를 나누다가 친구가 행복하다는 것을 알 때가 있어요. 조금 떨어져 있는 같은 반 친구의 표정을 보고 친구가 슬퍼하고 있다는 것을 알 때도 있어요. 그 순간 친구가 왜 슬퍼하는지 아는 여러분은 그 슬픔을 함께 느꼈어요. 이처럼 '함께 느끼는 것'을 공감이라고 해요.

함께 느낀다는 것은 무엇을 의미할까요? 슈타인도 스스로에게 질문했어요. 이것은 친구의 슬픔이 우리의 슬픔이 된다는 의미일까요? 그건 아니에요. 공감한다는 것은 마치 누군가의 손을 잡고 그 손을 자기 손처럼 느끼지만 현실은 그렇지 않다는 것을 알고 있는 것과 같아요. 슈타인의 말에 따르면 공감 덕분에 우리는 다른 사람들이 걷고 먹고 자는 신체로서 외부에 존재할 뿐만 아니라 두려워하고 행복해하고 때로는 화를 내는 사람으로서 내부에도 존재한다는 것을 깨달을 수 있다고 해요. 여러분에게 일어나는 일처럼 느끼는 거예요.

북 치는 것을 상상해 봐요. 북소리는 외부에서 들리지만 마치 가슴속에서도 북을 치는 것처럼 '내부에서 울려요'. 공감할 때 이와 비슷한 일이 일어나요. 여러분 내부에서 울리는 건 다른 사람의 감정이에요. 이것은 낯선 사람을 봐도 일어날 수 있어요. 누군가가 벤치에 앉아 손으로 얼굴을 가리고 있다면 그 사람이 슬퍼하고 있다는 것을 알 수 있어요. 물론 그렇지 않을 수도 있어요. 어떤 사람이 얼굴을 붉히면 부끄러움을 느낀다고 생각해요. 그런데 공감하면서 그 사람이 화가 났음을 알아차리기도 해요. 여러분이 생각하기에 모두가 공감 능력을 갖추고 있을까요?

유대인 철학자인 슈타인(1891~1942)은 가톨릭교로 개종한 후 수녀가 되어 철학, 신비주의, 종교의 연관성 등을 연구했어요. 그녀는 아우슈비츠 강제 수용소에서 사망했어요.

슈타인처럼 해 봐요
산책하면서 주변 사람들을 관찰하고 그들의 감정을 읽어 봐요.

작은 세계의 수정
발터 벤야민

심심한 일요일에 비가 내리고, 여러분이 방을 해적선으로 바꿔요. 그것은 단지 해적 놀이를 하는 것이 아니에요. 벤야민은 여러분이 어른의 세계와 다른 나만의 세계에 있다는 것을 잘 알고 있어요. 사람들의 눈에 낡은 옷걸이로 보이는 것이 여러분의 세계에서는 반짝이는 아름다운 한 쌍의 날개예요.

어른의 세계는 규칙으로 가득 차 있어요. 어른들에게는 모든 말과 생각이 모든 사람이 있어야 한다고 믿는 곳에 있어야 해요. 모든 것을 예측하기 때문에 현실에 관심이 없고 가장 중요한 부분을 놓치곤 해요. 우리가 기대하지 않을 때 다가오는 색깔, 모양, 소리 등이 주는 놀라움을 놓치는 거죠. 어른들은 여러분처럼 달리기가 좋아서 달리지만은 않아요. 어른들은 항상 어디로 가기 위해 달리고 있어요.

어느 날 여러분은 문턱을 넘어 아이의 세계에서 어른의 세계로 들어갈 거라고 벤야민은 말해요. 문턱을 넘어서면 이전으로 돌아갈 수 없으므로 필요한 시간만큼 충분히 멈춰 문턱을 넘을 용기를 찾고 '이전'에서 '이후'로 이동할 거라고 해요. 일단 큰 세계에 도착하면 작은 세계는 어린 시절에서 나온 형상으로 가득한 마법의 백과사전으로 변할 거예요. 마법의 형상들은 반짝이는 수정처럼 잠깐씩 나타나고, 여러분은 그것들을 현재의 시간에서 재구성할 거예요. 백과사전을 넘기다 보면 작은 세상의 요정에게 빌었던 소원이 기억나고, 그 소원이 이루어졌음을 깨닫게 될지 누가 알겠어요!

벤야민(1892~1940)은 독일의 철학자, 작가, 문학 평론가였어요. 그에 따르면 언어는 도구적 수단이 아닌 표현이에요. 그는 조용한 사물의 목소리에도 귀 기울였어요.

벤야민에게 도전해 봐요
어떤 물건을 장난감으로 바꾼 뒤 어른에게 보여 주세요.
어른은 그 안에서 무엇을 보나요? 어른이 된 여러분은 거기에서 무엇을 볼까요?

헤르베르트 마르쿠제

영어 시험에서 몇 점을 받았나요? 수영 기록은 얼마인가요? 두 질문에는 공통점이 있어요. 답은 숫자예요. 현대 사회에서 이것은 어떤 사람을 설명해 주는 정보고요. 마르쿠제는 이것을 냉혹하게 비판했어요. 왜냐하면 누군가의 가치는 그가 만드는 숫자에서 보이는 것이 아니기 때문이에요.

마르쿠제는 이것이 인생에서 더 나은 성적을 얻고 학교, 스포츠, 취미의 순위를 높여야 한다는 성과 원칙에 응답하기 위해 발생한다고 말했어요. 우리는 매사에 좋은 결과를 얻기 위해 불안해해요.

성과 원칙에 따라 쉬는 시간에도 열심히 일하고 희생하는 사람이 훌륭하다면, 단지 즐거움을 위해 놀고 별을 보고 노래하면서 여가를 보내는 사람은 어떻게 될까요? 그 사람은 성과 원칙에 따라 분류되지 않잖아요! 그러면 어떡하죠? 즐거움을 위해 놀고 별을 보고 노래하는 것 등등은 중요하게 생각되지 않는다 해도 여러분에게는 중요한 것들이에요. 마르쿠제의 요점은 바로 이거예요. 오늘날 경쟁 없이 노래를 부르면 마치 노래를 부르지 않는 것 같아요. 우리는 경쟁과 순위에서 벗어나 우리가 좋아하는 일을 해야 해요.

아마도 상상력을 통해서만 여러분은 여러분이 만드는 숫자가 아니라 있는 그대로 여러분의 가치를 매기는 세상을 그릴 수 있을 거예요. 그런 세상에서는 창조하고 상상하고 발명하는 순수한 즐거움이 있을 거예요. 학교에서 집에 돌아왔을 때 시험 성적을 묻지 않고 수업이 마음에 들었는지, 그 이유는 무엇인지 묻는 세상. 생각만으로 즐겁지 않나요?

마르쿠제(1898~1979)는 선진 사회가 사람들을 생산과 소비주의에 가두어 순응주의 사회를 만들었다고 비판한 철학자이자 사회학자였어요.

마르쿠제와 함께 생각해 봐요
성적이 없는 학교에서는 20점은 물론 100점도 받을 수 없을 거예요.
이런 평가가 진짜 실력을 향상하는 데 효과가 있을 것 같나요? 그 이유는 뭘까요?

해석학적 순환
한스 게오르크 가다머

공상 과학 소설이나 무서운 이야기를 좋아하나요? 어떤 종류를 좋아하든, 좋은 책에 푹 빠지면 단순히 이야기를 읽는 것이 아니에요. 어떤 사건이 다른 사건보다 여러분에게 더 영향을 미치고, 특정 캐릭터에 더 호감을 느낄 거예요. 왜 그럴까요? 그 이야기를 해석하는 사람이 바로 여러분이기 때문이에요. 여러분의 생각, 경험, 자란 장소 등이 이야기에 특정한 의미를 부여하게 만들어요.

가다머에 따르면 여러분이 이야기를 읽는 동안 이야기도 여러분을 읽어요. 그렇게 대화를 시작하는 거예요! 그런데 이야기가 어떻게 여러분을 읽는다는 걸까요? 이야기가 여러분을 만나면서 여러분의 이야기와 얽히고, 이야기가 여러분이 생각하는 것을 생각하게 만들기 때문이에요. 이야기를 읽으면서 '주인공은 왜 이렇게 행동했을까?'라고 생각하게 돼요. 같은 이야기가 여러분의 친구에게는 다른 것을 말해 줄 테고, 여러분은 자신의 관점이 옳다고 생각할 거예요. 왜냐하면 여러분은 자기 관점이 유일하게 진실하다고 착각하기 때문이에요.

여러분의 관점과 친구의 관점은 여러분의 일부이고, 여러분은 그것들과 분리될 수 없어요. 가다머는 우리와 이야기 사이에 대화가 있다는 것을 보여 주었어요. 이야기를 읽을 때 우리는 자신의 작은 조각을 그 속에 집어넣지만, 이야기도 우리를 읽어요. 이야기는 우리가 어떻게 만들어졌는지 말해 줘요. 이 대화 덕분에 다른 관점이 존재한다는 것을 발견하고, 그것을 받아들이는 법을 배워요. 다른 관점은 또 다른 진실에 자기 자신을 열 수 있는 기회예요.

가다머(1900~2002)는 대화에 기초한 해석학을 정립했어요. '해석학적 순환'은 자신의 편견에서 벗어나 다른 사람들과 비교할 수 있는 열린 자세를 갖게 해요.

가다머처럼 해 봐요
친구와 함께 영화를 보았을 때를 생각해 봐요.
영화가 끝났을 때 여러분은 친구와 같은 생각을 했나요?

162

마법 견습생
귄터 안더스

스승에게서 마법의 주문을 훔쳐 무생물인 빗자루를 하인으로 변신시킨 뒤, 우물에서 물을 길어 와 욕조를 채우게 한 마법 견습생의 이야기를 아나요? 넘쳐 나는 욕조에 계속 물을 붓는 빗자루를 마법 견습생이 더 이상 막을 수 없으면 상황이 복잡해져요. 마법 견습생의 모든 시도는 쓸모없어지죠. 로봇과 같은 빗자루는 마법 견습생의 명령에 무조건 복종하지만 자기 행동의 결과를 알지 못해 스스로 멈출 수 없어요. 운 좋게도 행복한 결말이 있어요. 절박한 마법 견습생이 스승에게 도움을 요청하고, 스승이 상황을 바로잡는 거예요.

안더스에 따르면 오늘날 인류는 '빗자루 부대'를 만든 마법 견습생들에게 의존하고 있다고 해요. 빗자루 부대는 우리 대신 일하는 로봇과 우리를 둘러싼 모든 기술이에요. 사람들은 모든 것을 통제할 수 있다는 환상에 빠져 기뻐하지만, 어느 시점에서 사람들이 상황을 끝내고 싶어도 도와주러 오는 스승이 없을 거예요.

마법에 사로잡힌 사람들은 지금 일어나고 있는 일이 옳은지 그른지 이해하는 데 관심이 없어요. 무슨 일이 일어날지 확인하기 위해 버튼을 누르는 것만 생각해요. 마법의 빗자루에 익숙해진 이들은 더 이상 막는 방법을 알지 못해요. 안더스는 이렇게 말했어요. '오늘날 제기되는 질문은 우리가 기술로 무엇을 할 수 있느냐가 아니라 기술이 우리에게 무엇을 할 수 있느냐는 것입니다.'

안더스(1902~1992)는 기술에 대해 경고했어요. 우리가 기술적으로 하는 일의 결과를 예측할 수 없고, 통제할 수도 없기 때문이에요.

안더스와 함께 생각해 봐요
스마트폰으로 영상을 보다가 도저히 멈출 수 없을 때가 있어요.
통제할 수 있다고 생각했는데 통제력을 상실한 상황에 대해 어떻게 생각하나요?

카를 포퍼

백조를 한 번쯤 본 적이 있을 거예요. 공원에 살고 있는 백조나 책에 그려진 백조를요. 백조는 무슨 색이었나요? 대부분 '흰색'이라고 말할 거예요. 세상의 모든 백조는 흰색이라고 해도 과언이 아닐 거예요. 하지만 다른 색깔의 백조도 있다면 어떨까요? 1697년에 윌리엄 드 블라밍이라는 탐험가가 오스트레일리아에 갔다가 검은 백조를 만났어요. 여러분이 본 백조는 모두 흰색이지만요.

포퍼는 어떤 일이 일어나는 것을 여러 번 보았기 때문에 그것이 사실이라고 믿는다면, 그 생각은 틀릴 수 있다고 말했어요. 정말 그래요. 하얀 백조를 많이 보면 우리는 모든 백조가 흰색이라고 믿을 수 있어요. 그런데 어느 날 검은 백조를 만난다면 어떨까요? 우리는 더 이상 모든 백조가 흰색이라고 말할 수 없어요. 놀라운 점은 검은 백조 한 마리만 있으면, 백조에 대해 우리가 믿었던 것이 거짓이 된다는 거예요. 백조에 관한 이 이야기는 우리가 아는 것보다 모르는 것이 더 중요하다는 것을 이해하게 해 주기 때문에 매우 중요해요. 어떤 일이 일어나는 것을 여러 번 본 것만으로는 그것이 사실이라고 말할 수 없다면, 그것이 사실인지 아닌지를 어떻게 알 수 있을까요? 확실한 지식이 없으므로 우리는 그걸 알 수 없어요.

포퍼에 따르면 우리는 추측해야 해요. 어떤 것이 사실일 수 있다고 생각하는 거죠. 절대적인 확실성은 없다는 사실을 염두에 두고, 우리의 추측에 항상 의문을 제기할 준비를 하면서 자유롭게 찾고 배울 수 있어야 해요.

포퍼(1902~1994)는 '반증 원리'의 창시자예요. 이 이론에 따르면 가설을 확인하기보다는 가설을 거짓으로 만들 수 있는 것이 무엇인지 찾는 것이 더 중요해요.

포퍼에게 도전해 봐요
여러분이 어떤 것을 발견했는데, 그것이 생각한 바와 달랐던 때를 떠올려 봐요.
그것이 여러분에게 어떤 영향을 미치나요?

다시 태어나는 법을 배워라
마리아 잠브라노

여러분이 세계 어디에서 살고 있든, 아마도 자신의 나라를 좋아할 거예요. 여러분이 태어난 곳이 바로 그 나라이기 때문이지요. 여러분은 고국을 사랑하지만 고국을 떠나야 했던 수백만 명의 사람들이 있다는 것을 알 거예요. 하지만 여러분과 깊은 관련이 없기 때문에 그들을 전혀 생각하지 않을 수도 있어요.

고국 스페인을 떠나야 했던 잠브라노는 고국을 떠나는 것이 중요한 일이라고 말해요. 여러분이 생각하는 것보다 훨씬 더 많이요. 애정, 습관, 장소, 사물, 아는 단어까지, 익숙한 모든 것에서 멀어지는 것을 상상할 수 있을지 모르겠네요. 잠브라노는 마치 난파선 한가운데에 버려진 것처럼 땅과 하늘 사이에서 외로움을 느낀다고 말해요. 오직 삶이 남아 있고, 다시 태어난 것 같은 느낌이라고요.

우리는 모두 한 번 태어났어요. 여러분도요. 그러나 세상에 태어난 우리는 마치 인생을 완전히 완성해야 하는 것처럼 사는 경우가 종종 있어요. 상자 위에 캐릭터 전체의 모습이 그려져 있는 조립 인형을 아나요? 우리는 특정한 무엇이 되어야 하는 것처럼 행동하고, 매일 한 조각씩 맞춰 가며 끝까지 캐릭터를 완성하려고 노력해요. 잠브라노는 우리가 인간이지 인형이 아니라고 말해요. 우리는 계속 자신을 '창조'할 수 있기 때문이에요. 우리는 종종 그러한 점을 잊어버려요. 반면에 고국을 떠난 사람은 다시 태어나는 법을 배워야 해서 자신을 창조하는 방법을 알고 있어요. 우리는 결코 멈추지 않고 다시 태양이 솟아오르는 새벽과 같다는 것을 기억해야 해요.

잠브라노(1904~1991)는 스페인 마드리드 대학에서 공부하고 학생들을 가르쳤어요. 철학은 과거 철학자들의 개념을 반복하는 것만이 아니라 개인의 삶, 경험과 밀접하게 연관되어야 한다고 확신했어요.

잠브라노처럼 해 봐요
익숙한 것을 버리고, 그 자리에 새로운 것을 찾아 넣는다고 상상해 봐요.
기분이 어떤가요?

장폴 사르트르

뭔가 잘못하고 부끄러움을 느낀 적이 있나요? 어쩌면 페널티 킥을 하려고 달리다가 발이 걸려 넘어진 적이 있고, 봐서는 안 되는 것을 보다가 친구에게 들킨 적이 있을지 몰라요. 얼굴이 빨개지고 몸이 굳으며 쥐구멍에라도 숨고 싶었을 거예요. 사르트르는 부끄러움에 아주 특별한 것이 있다고 해요. 방에 혼자 있으면 코를 파거나 구멍 난 양말을 신어도 전혀 부끄럽지 않아요. 신발 안은 누구도 들여다보지 못할 거라고 생각하기 때문이지요.

누군가가 여러분의 방에 들어와 코를 후비는 모습을 보거나 로커 룸에 있는 모든 사람이 구멍 난 양말을 본다면 상황은 갑자기 바뀌어요. 혼자 있으면 부끄럽지 않지만, 다른 사람이 보면 부끄러움을 느껴요. 사실 누군가가 보더라도 그 사람에게 여러분은 '코를 후비는 사람', '구멍 난 양말을 신은 사람'일 뿐인데, 그것이 여러분의 마음에 들지 않는 거예요.

이런 일은 특정한 이유로, 즉 사람과 사물이 상당히 달라서 발생해요. 잠시 관찰하는 것만으로도 탁자나 의자가 어떻게 생겼는지 말할 수 있어요. 그렇지만 여러분이 어떤 사람인지 한눈에 판단할 순 없어요. 일어난 일은 일어난 일이지만, 나쁜 인상이 여러분을 결정하는 건 아닐 거예요. 여러분은 사람이에요. 그래서 말로는 여러분을 충분히 설명할 수 없어요. 왜냐하면 여러분은 여러분이 살면서 한 일, 여러분이 하는 일, 앞으로 할 일의 총합이기 때문이에요.

사르트르(1905~1980)는 프랑스의 철학자이자 작가였어요. 그는 모든 사람의 책임과 선택의 자유를 지지했으며, 항상 세상에서 일어나는 일에 마음을 쓰고 참여해야 한다고 말했어요.

사르트르에게 도전해 봐요
거울 앞에 서서 손가락을 코에 쑥 집어넣어 봐요.
부끄러운가요, 부끄럽지 않은가요?

얼굴의 중요성
에마뉘엘 레비나스

친구와 말다툼을 하다가 '다신 보고 싶지 않아'라고 소리친 적이 있나요? 레비나스는 여러분이 그렇게 말한 이유가 앞에 있는 친구의 얼굴을 볼 수 있어서 그러한 거라고 말해요.

얼굴 때문에 그럴까요? 레비나스에 따르면 얼굴은 신체의 매우 특별한 부분이라고 해요. 얼굴은 우선 팔이나 다리처럼 옷을 입지 않는 유일한 부분이에요. 얼굴은 사람을 인식하게 만들고, 누군가와 연관시키지 않고는 생각할 수 없다는 점에서 항상 특정 사람의 것이에요. 얼굴을 마주 보면 매우 강력한 일이 일어나요. 여러분이 말다툼을 벌인 친구를 보면 친구에 대해 생각했던 모든 것이 변해요. 친구가 말하지 않아도 '네가 정말 나를 해치고 싶은 거야?'라는 표정으로 묻는 것 같죠. 그래서 말다툼 후에 친구를 만나고 싶지 않은 거예요. 친구의 눈을 보면, 친구에 대한 생각이 바뀔 것 같으니까요.

레비나스에 따르면 심지어 모르는 얼굴이라도 항상 이런 유형의 일이 일어난다고 해요. 무엇보다 그 얼굴이 '너를 다시 본다'는 것을 알아차리기 때문이에요. 예를 들어 거리의 노숙자를 그냥 지나칠 수 있지만, 그 사람의 얼굴을 보게 되면 뭔가를 묻는 것 같아서 알지도 못하는 그 사람에 대해 생각하게 되는 거죠. 다른 사람의 얼굴은 항상 여러분이 홀로 존재하지 않는다고 생각하게 만들어요. 그리고 그 얼굴이 여러분의 마음을 흔들어 놓는다면, 그것은 다른 사람이 여러분의 일부라는 뜻이에요.

레비나스(1906~1995)의 철학은 윤리학에 기반을 두고 있어요. 그에게 타자라는 주제는 아주 중요해요. 모든 사람의 정체성은 다른 사람들을 떼어 놓고 파악할 수 없기 때문이에요.

레비나스와 함께 생각해 봐요
전화나 채팅으로 하는 말을 얼굴을 보면서 한다고 상상해 봐요.
무언가가 바뀔까요? 왜 그럴까요?

172

한나 아렌트

여러분에게 상처 준 사람을 생각해 봐요. 책가방을 망가뜨린 친구나 사람들 앞에서 여러분을 놀린 친구. 여러분은 그 친구를 나쁘다고 말할 건가요? 어쩌면 진짜 나쁜 사람은 다른 사람이라는 결론을 내릴지 몰라요. 잔인하기 그지없는 영화 속 악당들이 떠오를 수도 있어요. 불행하게도 현실 세계에도 악이 존재해요. 현실 세계에서 끔찍한 행동을 저지르는 사람은 괴물이 아니라 인간이에요. 그래서 나쁜 놈들을 알아보기 어려워요. 머리가 셋이 아니고, 겉모습도 여러분과 똑같기 때문이에요.

강제 수용소에서 나치의 유대인 말살이라는 가장 무자비한 악을 경험한 한나 아렌트는 악이 어디서 오는지 알고 싶었어요. 그 악한 자들 중 한 명을 가까이에서 관찰했어요. 그러나 자세히 살펴봐도 이상한 점을 발견하지 못했어요. 비인도적인 행동을 하는 사람이 어떻게 '정상'일 수 있을까요? 악의 근원, 악인의 진짜 잘못은 자신이 무엇을 하고 있는지 묻지 않는 데 있어요. 악인들은 나쁜 짓을 그냥 하는 거예요. 악인들은 자기 자신과 대화하지 않는 잘못을 저질러요. 여러분이 어떤 일을 할지 말지 자신에게 묻는다면 내면의 자아가 어떤 식으로 대답하고, 여러분은 내면의 자아에 반박해요. 그러다가 마침내 합의점을 찾지 않나요?

'마음속으로 이야기한다'는 것은 생각한다는 뜻이에요. 생각하지 않는다는 것은 용서할 수 없는 일이에요. 자기 자신과 대화하지 않으면 아주 끔찍한 일을 저지를 수 있거든요. 마치 뿌리 없이 자라서 널리 퍼지는 곰팡이처럼 악이 한순간에 확 퍼질 수도 있어요.

아렌트(1906~1975)는 용기 있는 철학자이자 언론인이었어요. 그녀가 정치에 참여한 것은 우리를 진정 인간답게 만드는 것은 공적 차원, 즉 공동생활에 대한 관심이라고 생각했기 때문이에요.

아렌트처럼 해 봐요
여러분은 '마음속 대화'를 얼마나 하나요?
여러분과 여러분 자신이 마음이 맞지 않으면 무슨 일이 일어날까요?

여자로 만들어진다
시몬 드 보부아르

식탁을 차리고 집을 정리하는 사람은 누군가요? 때로는 엄마이고, 때로는 아빠일 거예요. 장담하는데 50년 전에는 대답이 단 하나, 엄마뿐이었을 거예요. 왜 그럴까요? 여자가 남자보다 가치 없다는 잘못된 생각이 있었기 때문이에요. 그러나 여자와 남자는 모두 이성이 있고, 같은 방식으로 생각할 줄 알기 때문에 평등해요.

이 질문은 보부아르의 마음속에 있었어요. 그녀는 전 세계를 강타한 책을 썼어요. '여자로 태어나는 것이 아니라 여자로 만들어진다!'라는 메시지를 담은 그 책은 모든 여성을 위한 외침이 되었어요. 여자로 태어났다고 반드시 아내와 엄마가 되어야 하고, 단지 사회가 그것이 옳다고 생각하기 때문에 여성이 순종하고 침묵해야 한다는 것을 의미하지 않는다는 말이에요. 여자도 남자처럼 자기 인생을 결정할 수 있어요. 세상에 태어날 때 미래에 어떤 사람이 될지 누가 정해 놓은 게 아니기 때문이에요. 사실 보부아르가 활동한 당시에는 여성 작가나 철학자가 드물었지만 인생에서 어떤 사람이 될지 그녀는 스스로 선택했어요. 보부아르는 결혼을 하지도 않았고 자녀도 없었어요.

그렇다고 일하는 여성이 아내이자 엄마가 될 수 없다는 뜻은 아니에요! 중요한 것은 자기 자신만이 자신이 원하는 것을 결정한다는 거예요. 여기서 진짜 핵심은 자유예요. 과거에 자유는 여성에게 온전히 주어지지 않은 권리였고, 불행히 지금도 때때로 여성에게 주어지지 않은 권리로 남아 있어요.

보부아르(1908~1986)는 자유와 시민 활동을 연구한 철학자이자 작가였어요. 페미니스트인 그녀는 여성 세계에 혁명을 일으켜 여성이 삶을 스스로 결정하도록 독려했어요.

보부아르에게 도전해 봐요
할머니와 엄마에게 여자라는 이유만으로 불이익을 받은 적이 없었는지 여쭤봐요.

모리스 메를로 퐁티

몸에 대해 생각해 본 적이 있나요? 옷장 문에 손이 부딪히거나 배가 고파 꼬르륵 소리가 날 때면 몸에 대해 생각할지 몰라요. 그리고 세상 속에서 사는 여러분의 몸에 대해 생각해 본 적이 있나요? 메를로 퐁티에 따르면 여러분과 세상의 관계는 매우 특별해요. 여러분의 몸이 세상의 퍼즐 조각 중 하나이고, 여러분 위에 있는 형상이 완성되려면 세상의 퍼즐 조각들이 필요하기 때문이에요.

여러분은 이 상상 속 퍼즐의 일부이고, 세상에서는 만져지지 않고 만지는 것은 불가능해요. 그래서 여러분은 여러분의 몸으로 만지고 또 만져져요. 그러니까 여러분이 손으로 의자를 만지면 의자도 여러분을 만지는 거예요! 스케이트보드에서 넘어졌을 때 생긴 무릎의 흉터처럼, 또는 시간이 흐르면서 여러분 안에 새겨진 삶의 모든 경험처럼 여러분의 몸에는 세상의 흔적이 가득 차 있어요.

그런 이유로 여러분의 몸은 마음대로 벗고 입는 드레스처럼 소유할 수 있는 것이 아니라 그저 있는 것, 즉 존재하는 거예요. 여러분이 이 세계와 얽혀 살아가는 몸이 아니라면 여러분의 생각은 생겨날 수 없을 거예요. 주변 사물에 의미를 주는 것은 사물들과 살아가는 거예요. 폭풍우가 칠 때 옷장에 숨으면 여러분의 몸과 옷장은 같은 퍼즐의 조각이 돼요. 그것은 의미가 가득한 퍼즐이에요. 옷장은 안전한 피난처가 되며, 여러분의 몸을 통해 옷장을 안전한 피난처로 만드는 것은 바로 여러분이기 때문이에요.

메를로 퐁티(1908~1961)는 자아가 몸과 일치한다고 주장했어요. 몸은 단순히 세상에 '존재'하는 모든 것과 달리 세상을 '열어 줘요'. 즉 우리가 세상을 살고, 세상에 의미를 부여하게 해요.

메를로 퐁티처럼 해 봐요
피곤한 때를 생각해 봐요.
'나는 피곤하다'라고 말하나요, 아니면 '몸이 피곤해'라고 말하나요?

날것과 익힌 것
클로드 레비 스트로스

가장 좋아하는 요리는 무엇인가요? 날음식을 좋아하나요, 아니면 익힌 음식을 좋아하나요? 이것은 단지 맛의 문제처럼 보이지만 레비 스트로스에게 음식은 사고 방식을 보여 주는 매개체예요. 우리가 먹는 것과 음식을 준비하는 방법은 우리가 속한 사회를 반영하기 때문이에요. 요리는 문화적 사실이고, 언어와 마찬가지로 고유한 문법을 가지고 있어요. 에리트레아, 일본, 멕시코 레스토랑에 들어가면 재료의 사용 방식과 요리 방식, 먹는 방식이 다르다는 것을 알 수 있어요.

레비 스트로스에 따르면 불이 전 세계의 신화에 나타난 것은 불이 인간들에게 요리를 할 수 있게 했기 때문이에요. 문화는 요리에서 탄생했어요. 음식을 요리하지 않는 동물과 달리, 인간은 음식을 준비해 함께 먹고 생각을 나누면서 야생 상태에서 벗어났어요. 샐러드처럼 자연에 가까운 생식도 씻어서 자르고 양념을 하기 때문에 문화의 한 형태예요. 한편 불을 사용하는 요리는 방법도 다양해요. 바비큐 같은 음식은 밖에서 굽고 불에 직접 닿기 때문에 자연에 가까워요. 그리고 물에 삶은 고기는 안팎이 같고 냄비를 사용하기 때문에 문화에 더 가까워요.

요리를 할 때 남성은 굽는 경우가 더 많고, 여성은 삶는 경우가 더 많다는 사실을 알고 있나요? 생식은 왜 다시 유행할까요? 음식에 대한 문법이 필요한 이유는, 동물은 스스로 먹이를 섭취하지만 인간은 식탁에서 음식을 함께 나누기 때문이에요. 음식은 영양적 기능뿐만 아니라 사회적 기능을 수행해요.

레비 스트로스(1908~2009)는 인간을 연구하는 20세기 최고의 인류학자 중 한 명이에요. 그는 문화와 출신에 관계없이 모든 사람에게 속하는 정신 구조를 발견했어요.

레비 스트로스와 함께 생각해 봐요
다른 나라의 전통 요리를 준비해 봐요. 식탁에 차리고 손이나 젓가락,
또는 나이프와 포크를 사용해 그 나라에서 먹는 방식을 따라 해 봐요.

시몬 베유

선생님이 수업에 집중하라고 주의를 주면, 딴생각을 하고 있던 여러분은 미간을 찌푸리며 온 힘을 다해 수업에 집중할 거예요. 그런데 그렇게 노력한다고 주의를 집중하게 될까요? 베유에 따르면 의지의 노력으로 주의를 집중하는 게 아니라고 해요. 주의를 기울이고자 하는 욕구를 낳는 것은 기쁨이에요. 기쁨이 있어야 이마를 찌푸리고 엄청난 노력을 하는 대신 호흡처럼 자연스럽게 주의를 집중할 수 있어요. 주의력은 어떻게 배우나요? 우선 서두르지 말고, 가장 소중한 일을 하듯이 침착하게 기다릴 줄 알아야 해요.

사람, 소음, 목소리가 뒤섞인 곳에 있다고 상상해 봐요. 주변에서 무슨 일이 일어나는지 이해하려면 엄청난 의지력이 필요해요. 올바르게 주의를 집중하는 것은 산꼭대기, 즉 주변의 모든 것이 고요한 곳에 있는 것과 같아요. 숨을 들이쉬고 잡생각과 이미 알고 있는 것을 제쳐 두고 새로운 생각과 새로이 배울 것을 위한 공간을 만들어요. 여러분은 쓸데없이 노력하지 않고 더 많은 것을 이해했다는 기쁨으로 숨을 내쉬고 자신에게 돌아가요.

주의 집중을 배우면 학교뿐만 아니라 삶에서도 유용해요. 선과 악을 구별하는 데 도움이 되기 때문이에요. 주의를 기울이지 않으면 사악한 생각을 빨리 받아들일 위험이 있어요. 생각하며 산꼭대기에 올라가면 선한 생각이 뚜렷해져요. 베유는 주의 집중이 언제나 악의 작은 조각을 파괴하며, 주의를 집중하는 10분은 근육을 쓰는 두 시간보다 더 가치 있다고 말해요.

짧은 생을 살다 간 베유(1909~1943)는 철학자, 노동자, 농민, 정치 활동가였어요. 그녀는 정의와 인간의 존엄성을 성찰했어요.

베유에게 도전해 봐요
베유가 말한 것처럼 주의를 집중해 10분 동안 어려운 일을 생각해 봐요.
해결책이 있든 없든, 시간 낭비가 아니었음을 알게 될 거예요!

마셜 매클루언

자동차, 비행기, 고속 열차가 발명되기 전에는 여행하는 데 몇 달씩 걸리기도 했어요. 여러분이 사는 도시나 먼 나라에서 온 사람과 의사소통하려면 외출하거나 편지를 써야 했어요. 이제는 언제든지 누구와도, 심지어 오스트레일리아에 사는 친구와도 마치 같은 방에 있는 것처럼 대화하고 메시지를 주고받을 수 있어요.

매클루언에 따르면 기술의 발전은 전 세계를 하나의 마을로 만들었어요. 그는 '지구촌'이라고 부르는데, 그곳에서는 모든 사람이 모든 사람에 대해 모든 것을 알고 있어요. 세상이 다시 작아진 게 아니에요. 피라미드와 우리가 있는 곳의 거리는 1,000년 전이나 오늘날이나 같아요.

현대인의 팔다리가 옛날 사람들보다 더 길어진 것처럼 인간의 몸이 어떤 의미에서 확장되었다는 것이 중요해요. 우리는 할리우드에서처럼 우리를 이집트로 직접 데려갈 수 있는 원격 제어의 손, 특히 '휴대 전화'라는 손을 가지고 있어요. 슈퍼마켓, 길거리, 치과 대기실을 둘러봐요. 사람들은 접착제로 붙인 것처럼 스마트폰을 들고 있어요. 사람들은 스마트폰으로 말하고 채팅하고 게임하고 읽고 공부하고 음악을 들어요. 주머니에 생활과 세상을 넣어 다니는 것 같아요.

공간과 시간이 절약되는 과학 기술 세계에는 많은 장점이 있어요. 하지만 친구와 채팅하는 것은 친구와 얼굴을 마주 보고 이야기를 나누는 것과 달라요!

매클루언(1911~1980)은 커뮤니케이션 기술의 영향을 분석했어요. 그는 미디어의 영향력이 인간이 관계를 맺는 방식을 어떻게 바꿀 수 있는지를 발견한 캐나다의 철학자였어요.

매클루언과 함께 생각해 봐요
가장 최근에 떠난 여행을 생각해 봐요. 만약 여러분이 300년 전에 여행을 했다면 어땠을까요?

말하는 눈물
롤랑 바르트

전 세계 모든 연령대의 사람들이 울고 있다는 사실에 대해 생각해 본 적이 있나요? 어쩌면 지금도 수많은 사람이 울고 있는지도 몰라요. 여러분이 태어난 날 울었을 때, 아마 같은 시각에 지구 반대편에서 100세 노인도 울고 있었을 거예요. 그런데 우리는 왜 울까요? 여러분은 '슬프거나 화가 났을 때, 혹은 상처 받았을 때 울어요' 하고 말할 거예요. 사실이에요. 우리는 그런 것 때문에 울어요. 그런데 롤랑 바르트는 우리에게 더 많은 것을 알려 주었어요.

바르트에 따르면 눈물은 말처럼, 그림처럼, 몸짓처럼 무언가를 의미하는 기호예요. 울음은 무언가를 말하는 방법이에요. 눈물이 터질 것 같지만 부끄러워서 참으려고 애쓰다 보면 얼굴로 흘러내리지 않고 눈에 남아 글썽거려요. 마치 가장자리까지 꽉 찬 물 잔처럼요.

다른 사람에게 어떻게 미안하다고 말해야 할지 몰라서 눈물을 흘리는 경우도 있어요. 울음은 원하는 것을 쉽게 얻기 위한 전략이 되기도 해요. 우리가 울 때는 그 이유를 알지만 '나는 슬프다'라고 표현하고 싶을 때 누군가에게 말 대신 눈물을 흘리기도 해요. 방에서 혼자 울고 있는데, 그 이유를 모르거나 모르는 척하는 경우가 있어요. 그건 무슨 뜻일까요? 바르트에 따르면 그 순간 여러분의 눈물은 자신에게만 얘기하고 싶은 말이라고 해요.

바르트(1915~1980)는 인간의 언어와 기호를 연구하는 언어학자이자 기호학자였어요. 그는 개인과 언어의 관계를 분석했어요.

바르트처럼 해 봐요
가장 최근에 울었던 때를 떠올려 봐요.
그 눈물은 무엇을 말했나요? 눈물로 누구에게 말했나요?

현자와 철학자
조르지오 콜리

친구의 부모님을 만났는데, 전에 알지 못했던 친구의 어떤 것을 알게 된 경험이 있었나요? 세상 모든 것에 그와 같은 일이 일어나요. 무언가가 어디서 왔는지, 즉 그 기원이 무엇인지를 알면 그것을 더 잘 이해하는 데 도움이 되죠.

콜리는 그런 생각을 기반으로 철학에 의문을 품고 그 기원을 찾았어요. 그는 단순히 시간을 거슬러 올라가 철학의 탄생을 추적한 것이 아니에요. 좀 더 멀리, 철학이 나타나기 이전에 무엇이 있었는지 탐구했어요. 그는 철학이 '지혜에 대한 사랑'을 의미하므로, 지혜가 철학 이전에 존재했다고 생각했어요. 그래서 지혜에 대해 질문했어요.

철학자 이전에 현자들이 있었어요. '같은 강에 두 번 발을 담그지 않는다'라든가 '눈에 보이는 조화가 보이지 않는 조화보다 더 가치 있다'처럼 격언이나 신비한 말을 통해 자기 생각을 표현한 사람들을 현자라고 불렀어요. 현자들은 한편으로 매우 심오한 무언가를 말하는 것 같지만, 다른 한편으로 그들의 말은 근거가 전혀 설명되어 있지 않은 복잡한 문장이에요. 철학은 그런 유형의 문장에 만족하지 못한 사람들에게서 태어났어요. 현자와 달리 철학자는 스스로 질문을 던지고 설명을 찾아내려 해요. 철학은 심오한 진리를 파악하기를 원하기 때문에 지혜를 사랑하지만, 그 지식이 명확하고 합리적이며 동기 부여된 것을 더 좋아한다는 점에서 지혜와 구분돼요.

콜리(1917~1979)는 심오한 철학자였어요. 그는 철학자들이 쓴 책을 원어로 읽었어요. 그렇게 해야 해석에 속지 않고, 있는 그대로 사고의 뿌리에 접근할 수 있다고 생각했어요.

콜리와 함께 생각해 봐요
할아버지, 할머니를 더 잘 이해하려면 그분들의 부모님,
즉 증조부모님에 대해 여쭤보세요. 뭔가를 좀 더 알게 되었나요?

파울 파이어벤트

여러분이 발견한 사실을 되돌아보면 '우연히' 많은 것을 발견했음을 깨달을 거예요. 코르크 마개를 물에 떨어뜨렸는데, 코르크가 다른 물건들처럼 가라앉지 않는다는 것을 알았을 때처럼요. 여러분은 공기를 포함한 물체는 물에 뜬다는 것을 배웠어요. 우리는 이미 알고 있는 것의 한계를 넘어서며 세상을 알아 가요. 그것은 과학의 임무이기도 하지요.

'과학자'라고 하면, 원하는 결과를 얻기 위해 엄격한 실험 공식과 씨름하는 모습이 떠오를 거예요. 그러나 파이어벤트에 따르면 과학의 발견은 너무 엄격한 방법에 기초해서는 안 된다고 해요. 과학자는 절대적인 확실성에서 시작해서 그것을 실험을 통해 발견한 새로운 것에 적용해서는 안 돼요. 사실 과학사에서는 많은 것이 우연히 발견되었어요. 과학자 플레밍은 다른 실험에 사용하는 배양물의 곰팡이를 분석하다가 상처 치료에 사용하는 약인 페니실린을 발견했어요.

절대적인 사실로 받아들여지는 과학 이론이 당시 지식의 영향을 받아 역사의 특정 순간에 탄생한다고 파이어벤트는 말했어요. 그러므로 과학 이론이 계속 유효할 수는 없어요. 파이어벤트는 이상적인 과학자는 만화에 나오는 약간 미친 과학자와 비슷하다고 해요. 규칙이 없고 엄청난 상상력이 있으며 반항적이기도 한 과학자 말이에요! 가장 유명하고 확실한 이론에도 의문을 제기하는 용기 있는 과학만이 지식의 진보를 가져올 수 있어요.

파이어벤트(1924~1994)는 사회 현상을 연구하는 철학자이자 사회학자였어요. 그는 영원히 타당하다고 여겨지는 방법에 기초해서는 과학적 진보가 이루어지지 않는다고 생각했어요.

파이어벤트처럼 해 봐요
과학적이지 않은 방법으로 이루어진 과학적 발견을 조사해 봐요.

확장되는 뿌리
질 들뢰즈

생각한다는 것은 여러분에게 어떤 의미인가요? 들뢰즈에 따르면 생각은 오직 움직여야 해요. 만약 나무의 뿌리처럼 생각이 움직이지 않는다면, 그것은 진정한 생각이 아니에요. '리좀(rhizome)'이라고 불리는 매우 특별한 뿌리가 있는데, 리좀은 다른 뿌리와 달라요. 땅에 뿌리를 박기 위해 아래로 파고 내려가지 않고 수평으로 확장해요. 끝나는 지점은 없고 언제나 생명의 수액을 찾아 움직여요.

생각도 바로 그렇게 기존 규칙에 한정되지 않고 자유로워야 해요. 그래야 세상을 여러 각도에서 보고 세상의 모든 미묘한 변화를 파악할 수 있어요. 사실 리좀은 방향을 잡은 듯하다가 갑자기 방향을 바꿔 여기저기로, 때로는 땅 위와 아래로 뻗어 나가요.

생각의 지도가 있다면, 들뢰즈는 그것이 마구 구겨져 쭈글쭈글하다고 상상할 거예요. 생각의 지도를 위에서 보면 전체 풍경이 보이지만, 생각의 좌표를 찾을 수는 없을 거예요. 생각은 뿌리를 내리지 않고 텐트나 바퀴 달린 집을 가지고 돌아다니는 유목민처럼 항상 멈추지 않고 움직이기 때문이에요.

한편 제한된 공간에서 날마다 똑같은 자리에 있는 동상처럼 멈춰 있는 생각은 한자리에 못 박혀 어디로도 갈 수 없어요. 그래서 들뢰즈가 말했듯이, 우리가 정말로 생각하고 싶다면 한곳에 뿌리를 내리는 것보다 우리 정신이 리좀처럼 이동하는 것이 더 나아요.

들뢰즈(1925~1995)는 혼돈이 삶을 규제한다고 주장했어요. 그는 삶과 세계에 질서를 가져오려고 노력하며 혼돈을 제한하는 모든 철학, 예술, 과학을 비난했어요.

들뢰즈에게 도전해 봐요
여러분도 생각의 지도를 그려 봐요. 산, 강, 도시는
여러분이 만날 수 있는 길이자 지름길이며, 또한 장애물이에요.

지그문트 바우만

여러분이 사랑하는 할아버지, 할머니는 때때로 이런 말씀을 해요. '내가 처음 선물 받은 축구공이 기억나는구나.' '우리 때는 함부로 물건을 버리지 않았다.' '우리 때는 동네 친구들과 놀았다.' '이 맛있는 국수를 먹어 봐라!' 애정 어린 말씀들조차 여러분에게는 너무 고리타분해 보여요. 바우만에 따르면 중요한 것은 할아버지, 할머니가 옛날에 살았던 곳이 아니라 지금 여러분이 사는 곳이에요.

여러분은 크리스마스 선물로 어떤 게임을 받았는지 기억하지 못하고, 지난달에 산 로봇은 이미 구석으로 던져 버렸어요. 여러분은 끊임없이 새로운 것을 원하고, 새것을 사서 잠깐 사용하고 버려요. '함부로 물건을 버리지 않았다'와는 거리가 멀죠! 친구들도 항상 변해요. 제일 좋아하는 친구가 있는데, 그 친구는 매일 습관처럼 여러분을 찾아와요……. 그리고 여러분은 다른 할 일이 있고, 다른 친구들도 만나요. 댄스 동아리 친구, 수영장 친구, 학교 친구. 국수는 말할 것도 없어요! 숙제하기 전에 비디오 게임을 하며 과자를 먹는 것이 더 좋아요. 숙제는 재빨리 해야 해요. 숙제를 안 하면 밖에 나갈 수 없고, 나가지 않으면 새로운 감각을 경험할 수 없고, 새로운 사람을 만날 수 없고, 자신이 원하는 새로운 것이 있는지 확인할 수 없어요.

바우만 식으로 말하자면 여러분의 할아버지, 할머니는 '고체'예요. 그분들은 명확한 형태의 습관과 확신이 있어요. 그와 달리 여러분은 액체이고, 여러분의 형태는 끊임없이 변하며 절대 멈추지 않아요. 국수가 스무디로 변한다면 가지고 돌아다닐 수 있을 거에요! 하지만 맛은 예전 같지 않을 거에요.

바우만(1925~2017)은 폴란드의 철학자이자 사회학자였어요. 그는 '액체 사회'를 말해요. 모든 것이 항상 변하고 일회용 제품으로 바뀌기 때문이에요. 인간의 관계도 마찬가지예요.

바우만과 함께 생각해 봐요
여러분은 커서 정규직을 갖고 싶나요, 아니면 직업을 자주 바꾸고 싶나요?
할아버지, 할머니께 어떻게 생각하는지 여쭤봐요.

탈주로가 있다
미셸 푸코

투명 인간이 되면 어떨까요? 경기 전에 상대 팀의 로커 룸에 들어가 그들의 전략을 알아볼 수 있을 거예요. 정말 놀라운 일이겠죠! 그런데 반대 상황이라면요? 보이지 않는 누군가에게 여러분이 보인다면요?

푸코는 보이지 않으면서 보는 무언가가 있다고 생각했어요. 그것은 권력이에요. 권력은 매 순간 모든 사람을 둘러싸고 있어요. 권력을 설명하기 위해 푸코는 '파놉티콘'이라는 원형 감옥에 대해 이야기해요. 감시자가 중앙 탑에서 모든 사람을 보지만, 감시자가 거기에 있는지 없는지는 아무도 보지 못해요. 감시를 받는다는 생각만으로도 수감자들은 명령대로 행동한다는 거예요.

푸코에 따르면 오늘날 우리는 모두가 자유롭다고 생각하지만, 사실은 파놉티콘에 살고 있다고 해요. 감방도 없고 감시자도 없어요. 그러나 '눈에 보일 수 있다는 것이 우리의 함정'이에요. 길거리에서 무인 카메라 아래를 지나칠 때나 휴대 전화로 통화할 때 이런 장치들이 여러분을 보고 있어요. 여러분은 그 장치 뒤에 누군가가 숨어 있다고 전혀 생각하지 않아요. 그것은 권력이지만, 여러분은 투명 인간 같은 그것을 보지 못해요. 수영장의 인명 구조원처럼 권력으로부터 보호를 받고 있다는 느낌이 들 수 있어요. 혹은 자유의 불꽃에 사로잡혀 권력에 도전하며 들키지 않으려 할 수도 있어요. 하지만 여러분 눈에 보이지 않는 것은 아니에요. 그런데 누구에게도 보이지 않는 것이 있어요. 바로 여러분의 정신과 마음이에요! 탈출 계획을 세우기 위해 거기서부터 시작하면 어떨까요?

푸코(1926~1984)는 철학자이자 사회학자였어요. 그는 감옥, 정신 병원, 학교 등에 관심이 있었어요. 조직을 관찰하며 권력이 어떻게 작동하는지, 그리고 권력과 지식이 어떤 관계인지 연구했어요.

푸코처럼 해 봐요
하루 동안 눈에 보이지 않을 기회가 있어요.
그것을 최대한 활용한다면 뭘 할 건가요?

니클라스 루만

좋아하는 프로그램을 보는데 갑자기 최신 신발 광고가 나와요! 시청하는 프로그램이 재개되고 요란했던 신발 광고는 스쳐 지나간 오락같이 느껴지죠. 루만에 따르면 중간 광고는 생각보다 훨씬 더 영향력이 크다고 해요. 왜냐하면 여러분이 본 이미지가 머릿속에 심어져 그 신발을 갖고 싶은 강한 욕구를 느끼고, 그 신발이 정말 멋지다고 생각하게 되는 거죠.

광고에서는 이런 사실을 알려 주지 않아요. 그런데 신발이 어떻게 그렇게나 중요해졌을까요? 루만은 의사소통하는 사회이기 때문에 그렇다고 해요. 수백만 명을 겨냥하지만, 여러분에게만 말하고 있다고 믿게 만드는 광고를 통해 소통하기 때문이에요. 광고는 여러분에게 무엇이 멋진지 말해 줘요. 광고가 친한 친구처럼 여러분의 취향을 알기 때문에 그런 게 아니에요. 여러분의 취향을 만드는 것이 바로 광고예요. 광고는 그 신발을 신으면 여러분이 모든 사람 사이에서 돋보일 거라고 말해요. 하지만 광고는 여러분에게만이 아니라 모두에게 말해요! 여러분 모두는 그 신발과 동일해요. 지금 광고된 신발은 곧 새로운 모델이 포함된 광고로 바뀔 거예요. 그러면 새로운 욕망이 여러분 안에서 생겨날 거예요.

광고는 사기인 것 같아요. 이상한 점은 광고가 자신을 숨기지 않는 거짓말이라는 점이에요. 거짓말인 줄 알면서도 거짓말에 대응할 수 없어요. 그것은 여러분과 소통하는 광고일 뿐이기 때문이에요. 한 가지 질문이 남아요. 그렇다면 자신을 고백하는 거짓말도 여전히 거짓말일까요?

루만(1927~1998)은 독일의 철학자이자 사회학자였어요. 그는 모든 사회가 인간에게 의존하는 것이 아니라 그들 사이에서 일어나는 의사소통 유형에 의존하는 시스템이라고 생각했어요.

루만에게 도전해 봐요
우리 사회에서 광고처럼 행동하는 것을 찾아봐요.

보편 문법
놈 촘스키

선생님이 수업 시간에 노란색 상자 두 개를 가져왔어요. 여러분이 호기심을 갖고 그 상자들을 바라보는 동안 선생님은 "두 물체를 주의 깊게 보고 그것들을 묘사해 봐요"라고 말해요. 여러분은 제일 먼저 "그 상자들은 똑같이 노란색이에요"라고 말할지 몰라요. 선생님이 "그래요, 노란색인데 '똑같이'라는 단어는 왜 나왔죠?"라고 지적할 수 있어요. 자세히 살펴보니 하나가 다른 상자보다 크기 때문에 다르다는 것을 알게 돼요. 스스로 상자에 크기가 적혀 있지 않고 '다르다'라는 단어도 적혀 있지 않다는 것을 깨달아요!

촘스키에 따르면 상자를 설명하는 데 사용한 말이 이미 여러분의 머릿속에 존재하기 때문에 그러한 관찰을 할 수 있다고 해요. 그것이 사실임을 입증하기 위해 고대 그리스 철학자 플라톤의 이야기를 언급해요. 무지한 노예가 주인이 묻는 일련의 질문을 통해 매우 어려운 기하학 문제를 풀었다고 해요. 노예는 기하학을 모르는데 어떻게 문제를 해결했을까요?

촘스키는 우리의 아는 능력이 선천적이기 때문에, 즉 유전적 유산의 일부이기 때문에 가능하다고 해요. 인간은 새가 아니기 때문에 날개가 아니라 다리와 팔을 가지고 태어난 것처럼. 마찬가지로 우리는 동일함, 크기, 색상과 같은 생각을 이미 가지고 태어났어요. 촘스키는 이 타고난 능력을 '보편 문법'이라고 불러요. 보편 문법 덕분에 우리는 무한한 수의 문장을 만들기 위해 유한한 단어를 사용하면서, 언어로 자신을 표현하는 방법을 배워요.

촘스키(1928~)는 언어와 의사소통 분야의 학자예요. 그는 인간이 언어 구조를 가지고 태어나며, 단어와 문법을 배우기 전에도 그것을 가지고 있다고 주장했어요.

촘스키처럼 해 봐요
세 단어를 골라 몇 개의 문장을 만들 수 있는지 확인해 봐요.

에마누엘레 세베리노

친구가 여러분에게 무(無)를 생각할 수 있느냐고 묻는다면, 여러분은 그럴 수 있다고 대답할지 몰라요. 그런데 세베리노는 여러분이 실제로 뭔가를 생각하고 있다고 지적할 거예요. 무는 아무것도 없는 거예요! 여러분이 무를 그리려고 한다면, 무라고 부르지만 무가 아닌 무언가를 그릴 거예요. 무는 존재하지 않는 것으로만 존재해요. 그렇다면 1,000년 전에 공놀이를 한 아이들은 무가 된 걸까요? 어린 꼬마였을 때의 여러분은 무가 된 걸까요? 아직은 없는 미래의 어른인 여러분은 무일까요?

세베리노는 그 아이들, 어린 시절의 여러분과 어른인 여러분은 단순히 사라졌다고, 즉 '나타남'에서 빠져나간 것이라고 말해요. 나타남은 여러분이 살 수 있는 유일한 곳, 즉 현재를 비추는 그 빛이에요. 캄캄한 방에 있다고 상상해 봐요. 방에서 나오자 사람들이 "그 안에 무엇이 나타났나요?"라고 물어요. 여러분은 "아무것도 없어요!"라고 대답할 거예요. 방에 다시 들어갔을 때 누군가가 불을 켜 놓았고, 그 방에서 다시 나왔을 때 똑같은 질문을 받는다면 여러분은 모든 것을 말할 거예요. 하지만 방은 똑같고, 방 안 물건들도 계속 그 자리에 있을 거예요.

나타남은 사물을 볼 수 있게 해 주는 빛과 같아요. 빛 밖의 것들은 어둠 속에 있지만 여전히 거기에 있어요. 그러므로 무는 존재하지 않으며, 모든 사물은 항상 존재하기 때문에 '영원해요'.

세베리노(1929~2020)는 우리 시대의 가장 위대한 철학자 중 한 명이에요. 그에 따르면 사물이나 사람이 존재에서 무로 변한다는 것이 사실이 아니라 모든 것은 항상, 그리고 영원히 거기에 있어요.

세베리노에게 도전해 봐요
무에 대해 생각해 봐요. 생각할 수 있나요?

마지막 케이크 조각
위르겐 하버마스

케이크 한 조각을 놓고 동생과 말다툼을 한 적이 있나요? 케이크를 차지하기 위해 동생을 떨쳐 낼 핑계를 만들거나, 그 케이크 조각이 여러분 것이라고 말하면서 동생을 위협했을 거예요. 하버마스는 여러분의 행동을 보고 이렇게 말할 거예요. 여러분이 세상에 대해 가진 이미지는요, 필요한 경우 무력을 사용하더라도 같은 것을 원하는 사람들을 이기기 위해 전략을 세워야 하는 곳이라고요.

여러분과 마찬가지로 다른 사람들도 존엄하게 살 권리를 가지고 있어요. 이 사실을 고려해 행동한다면, 여러분에게 '세상'은 반드시 따르고 존중해야 하는 가치와 규칙이 있는 곳을 의미할 거예요. 하나 남은 케이크 조각처럼, 정말로 원하더라도 그것을 포기하거나 동생과 나눌 수 있어요.

여러분은 행동을 통해 항상 자신이 누구인지 다른 사람들에게 전달해요. 마치 배우가 무대 위에서 자신이 맡은 인물이 아니라 자기 자신을 연기하는 것처럼요. 관객, 즉 사회에서 함께 살아가는 모든 사람이 무대에 올라가 똑같이 연기할 수 있어요. 그런 일은 우리가 아이디어를 공유할 때, 무언가를 창조할 때, 또는 다른 사람들에 대해 어떤 태도를 보일 때마다 일어나요. 하버마스가 '의사소통 행위'라고 부르는 그것이 정의로운 세상에서는 '도구적 행위'보다 우월해야 해요. 도구적 행위는 우리가 원하는 것을 얻기 위해 다른 사람들을 장애물이나 도구로 여기게 만들어요.

하버마스(1929~)는 사회학자, 철학자, 인식론자예요. 그의 사회 분석은 도구적 행위가 아닌 의사소통 행위를 모델로 삼는 '담론 윤리학'에 기초하고 있어요.

하버마스처럼 해 봐요
관객, 배우들과 함께 세상을 살고 싶은 방식을 연기해 봐요.

장 보드리야르

최근에 산악 여행을 한 적이 있나요? 휴대 전화로 얼마나 많은 사진을 찍었나요? 폭포, 산양, 길 표지판을 가리키거나 부츠 끈을 매거나 샌드위치 먹는 모습을요. 밝고, 빛나고, 깨끗한 수많은 사진이 있을 거예요. 부모님이 친구들에게 그 사진을 보여 줄 수도 있고, 소셜 미디어에 게시할 수도 있어요. 보드리야르는 산악 여행이 단순한 현실에서 초현실, 즉 거대한 현실로 변했다고 말할 거예요. 현실은 여러 장의 사진으로 찍혔고 모두가 볼 텐데, 그것은 현실을 더욱 진짜로 만들어요. 할머니의 젊은 시절 사진을 봐요. 몇 시간 동안, 사진 한 장을 볼 수 있다는 것만으로도 사진이 특별하다는 걸 깨달아요. 반면 여러분의 사진은 빠르게 넘겨 볼 수 있죠.

할머니가 살았던 시대에는 사진을 찍은 다음 곧바로 볼 수 없었어요. 먼저 필름에 각인되어 암실에 보관된 다음, 지금 사진에 보이는 이미지가 나타난 거예요. 사진은 마치 조용한 비밀을 담고 있는 것 같아요. 그 사진을 보면 할머니의 '부재'를 느끼게 돼요. 할머니가 지금 여기에 없고, 사진이 할머니에 대해 말해 주지 않는 것들이 있기 때문이기도 해요. 그것이 할머니를 상상할 수 있게 해요. 산에서 찍은 사진들은 상상할 필요가 없을 정도로 많은 것이 보여요. 보드리야르는 산악 여행은 없었던 일이고, 오직 사진만 있을 뿐이라고 말할 거예요. 보드리야르는 오늘날 이미지의 세계가 현실을 삼켜 버렸다고 해요. 오래된 필름 카메라로 사진을 찍는다면 그 일부를 포착할 수 있을지 누가 알겠어요!

사진가이자 철학자인 보드리야르(1929~2007)는 우리가 개인적으로 경험하는 현실과, 그것을 이미지로 표현하는 대중 매체의 관계가 오늘날 어떻게 변화했는지 이해하려고 노력했어요.

보드리야르와 함께 생각해 봐요
어떤 대상을 선택하고 휴대 전화로 사진을 찍어요. 그런 다음 필름 카메라로 사진을 찍어 결과를 비교해 봐요. 차이점이 있나요?

뤼스 이리가레이

여러분은 남자인가요, 여자인가요? 예전과 달리 그러한 차이점은 중요하지 않아요. 오늘날에는 여성이 국가 원수가 되기도 해요! 그런데 아리가레이에게 그런 질문은 간단하지 않아요. 우선 차이점이 중요해요. 남성과 여성은 신체부터 다르기 때문이에요. 여성이 남성처럼 행동한다고 모두가 평등해지는 건 아니에요. 그것은 여성을 남성과 비슷하게 만드는 것일 뿐이에요. 같은 것이 아니에요.

인류는 서로 다른 두 주체로 구성되어 있지만 오랫동안 역사는 한 주체만 중요시했어요. 여자는 항상 뭔가 부족한 남자처럼 보였는데, 이것은 차이점을 설명하는 좋은 방법이 아니에요. '햇빛이 부족한 낮과 같다'라고 말하면 밤을 묘사하는 것이 아니에요. '달과 별들로 이루어져 있다'라고 말해야 진정으로 밤을 묘사하는 거예요.

남자와 여자, 두 주체에 동등한 비중을 두는 길은 아직 멀어요. 그러나 이리가레이에 따르면 소년과 소녀, 남자와 여자인 우리는 서로를 알 수 있다고 해요. 양쪽 강변에서 각자 자신의 언어를 가지고 마주 보며 사는 다른 두 주체라는 것을요. 그런 차이로 인해 우리는 대화하기 위해, 한쪽에서 시작해 맞은편까지 닿는 다리를 만들 수 있어요. 우리의 다리는 다른 두 지점에서 생겨난 거예요.

이리가레이(1930~)는 벨기에의 철학자이자 정신 분석가예요. 여성 운동과 연계된 그녀의 연구는 여성의 언어, 여성의 무의식에서 출발해 남녀의 차이와 민주주의라는 주제를 다루고 있어요.

이리가레이처럼 해 봐요

여러분이 소녀라면 소년과 함께, 소년이라면 소녀와 함께 이 게임을 해 봐요.
종이에 '함께'라는 단어가 포함된 문장을 만들어 써 봐요. 두 문장 사이에 차이점이 있나요?

자크 데리다

글쓰기는 말하기보다 배우기 어려워요. 어쩌면 말로 자신을 더 잘 설명할 수 있는 것 같아요. 원하는 것을 말로 표현할 때, 실수하면 즉시 바로잡을 수 있잖아요. 말할 때 여러분은 말과 함께 그 자리에 있어요. 반면에 문자는 늘 좀 더 멀리 있어요. 한 가지 확실한 것은 여러분이 글을 쓴다는 사실이에요. 일기에 적힌 생각이나 칭찬, 벽에 적힌 이름, 채팅, 이메일, 쇼핑 목록 등을 말이에요. 말하면 되는데 글을 쓴다는 게 무슨 의미가 있을까요?

철학자 데리다는 많은 글을 썼는데, 그 이유를 알아요? 그는 흔적을 남기기 위해 글을 쓴다고 해요. 그는 책 외에도 엽서 쓰기를 좋아했어요. 친구에게 행복하다고 말하면 그 목소리는 즉시 사라져요. 그러나 여러분이 쓴 편지는 사라지지 않아요. 그 내용은 엽서에 남아 우체통에 들어간 다음 여행을 떠나요. 비행기나 트럭을 타고 친구에게 닿거나, 길가에 멈춘다면 지나가는 사람이 읽게 될 거예요.

글은 절대 사라지지 않고 어딘가에 있을 거예요. 여러분이 없더라도, 엽서를 받을 친구가 없어도 남아 있을 거예요. 그 엽서에서 읽는 내용은 입으로 말할 수 있는 것 이상이에요. 예를 들어 느낌표를 어떻게 표현해야 할까요? 글쓰기는 입으로 말하는 것 그 이상을 표현해요. 여러분이 쓴 것과 말하고 싶은 것은 차이가 날 수 있는데, 글쓰기는 흔적을 남기기 때문에 더 중요해요. 엽서에 있든 컴퓨터에 있든 휴대 전화에 있든, 그것을 읽을 수 있거든요.

데리다(1930~2004)는 해체주의 철학자였어요. 그는 완전하고 일관된 메시지를 표현하지 못하게 하는 모순을 밝히기 위해 과거의 텍스트를 보는 방식을 연구했어요.

데리다와 함께 생각해 봐요
소중한 생각을 종이에 적은 뒤 병에 담아 벤치에 놓아두세요.
누가 여러분의 글을 읽을지 누가 알겠어요……

귀퉁이를 살짝 접어 놓은 책
움베르토 에코

가장 최근에 읽은 책은 무엇이었나요? 어쩌면 여러분에게는 텔레비전 속 이미지가 훨씬 흥미로울 거예요. 물론 누군가는 학교 숙제로 책을 읽어야 하고, 숙제가 끝나면 좋아하는 프로그램을 보고 싶을 거예요.

오락 시간을 뺏는 독서가 지루하다면, 에코가 여러분의 생각을 바꿀 수도 있어요. 새 책을 판매하는 서점이 아니라 페이지 귀퉁이를 살짝 접어 놓거나 동그라미 친 단어나 밑줄 친 문장을 통해 그 책을 읽은 사람의 이야기도 전해 주는 책들이 있는 곳이 있어요. 그곳은 말로 이루어진 마법의 도서관이에요. 어떤 책을 찾으려고 들어갔는데, 찾고 있지 않은 또 다른 책을 발견하고 '저거 읽고 싶어!'라고 생각하지요.

여러분이 아직 읽지 않았거나 여러분이 아는 한 아직 쓰이지 않은 책이 여러분이 읽은 책보다 더 귀중해지는 일을 상상해 봐요. 에코에 따르면 그것은 책이 여러분에게 새로운 호기심을 불러일으키기 때문이라고 해요.

그것은 단지 도서관의 마법이 아니에요. 미로의 서가들 사이에 있는 모든 책은 마법의 묘약이에요. 모든 새로운 이야기가 여러분이 다른 삶을 살 수 있게 해 주기 때문이에요. 많은 책을 읽을수록 더 많은 삶을 축적하게 되고, 여러분의 생각을 바꾸어 세상을 이해하는 기회도 더 많아질 거예요.

에코(1932~2016)는 기호와 언어를 연구했는데, 이는 마치 거짓말을 연구하는 것과 같다고 생각했어요. 말은 항상 진실을 알려 주는 것이 아니라 종종 사람이 해석한 것을 나타내 주기 때문이에요.

에코처럼 해 봐요
도서관으로 가요!

담요로 가려진 세계
엔리케 뒤셀

발견이란 무엇일까요? 불이나 DNA를 생각해 보면, 발견이란 누구도 몰랐던 것을 아는 것이라고 할 수 있어요. 위대한 발견은 세상을 바꿔요. 아메리카 대륙이 발견된 1492년은 모든 역사책에 기록된 해예요. 글쎄요, 뒤셀에게 이것은 허무맹랑한 말이에요. 1492년은 실제로 세상을 변화시켰지만, 아메리카 대륙은 발견되기보다는 숨겨져 있었던 거예요! 아메리카 대륙은 이미 존재했어요. 확실히 유럽식 이름은 갖고 있지 않았지만, 원주민과 그들의 문화가 있고 땅과 자연과 생명의 순환을 존중하며 건강하게 사람들이 살고 있었어요.

유럽인들이 아메리카 대륙에 상륙했을 때 타인과 자연을 지배하려는 권력욕이 폭발했어요. 자신들의 삶의 방식을 문명이란 이름으로 내세우며 오늘날 우리가 '현대성'이라고 부르는 것을 강요했어요. 그러나 사람들은 역사 속에서 문명이라는 이름 아래에 가려진 자신들의 진짜 뿌리를 재발견하기 시작했어요. 남미에서 인도, 중국에서 아프리카 부족에 이르기까지 사람들은 '우리는 누구인가?'라고 스스로에게 묻기 시작했어요. 왜 그런지 알아요? 유럽이 세계 곳곳에 가져간 현대성이 지구를 파괴했기 때문이에요. 환경 오염이나 굶주림으로 죽어 가는 사람들을 생각해 봐요. 지구를 어떻게 구할 것인가를 자문하는 동안 지금까지 숨겨져 있던 사람들이 세상의 새로운 천을 짜기 시작했어요. 새로운 천은 누군가, 무언가를 가리는 담요가 아니라 권력욕이 아닌 삶의 의지를, 정복이 아닌 자유를 말하는 화려한 태피스트리가 될 거예요. 이것이 인류의 진정한 발견인지 누가 알겠어요?

뒤셀(1934~)은 해방 철학의 창시자 중 한 명이에요. 해방 철학은 유럽이 중심적 역할을 하는 것을 비판하는 사상 운동이에요. 그는 모든 문화가 자기 자신을 표현하면서 새로운 시대를 여는 미래를 바라보았어요.

뒤셀에게 도전해 봐요
패션은 옷 입는 법을 알려 줘요. 여러분은 언제든지 옷을 갈아입을 수 있지만, 옷이 여러분을 바꿀 수 있을까요?

어느 것도 진실이 아니다
잔니 바티모

뱀파이어가 있을까요? 여러분은 "참 나, 뱀파이어는 동화 속 괴물이에요!" 하고 말할 거예요. 뱀파이어에 관한 모든 이야기는 1400년 루마니아 트란실바니아에 살았던 드라큘라 백작에게서 영감을 받은 거예요. 그렇다면 진실은 무엇일까요? 바티모에 따르면 이미 진실이라고 했던 진실은 어디에도 없으므로 대답할 수 없다고 해요. 어느 특정 사실이 진실인지 알고 싶다면, 예를 들어 뱀파이어가 존재하는지 알고 싶다면 이 질문은 의미가 있어요. 여러분의 대답은 여러분이 특정 방식으로 해석한 사실에서 나오기 때문이에요.

사실 어느 것도 진실이 아니고, 진실은 사람들의 해석에 따라 만들어진다고 생각하면 혼란스러울 거예요. 하지만 생각해 봐요. 뱀파이어에 대해서도 이미 만들어진 멋들어진 진실이 있다면, 여러분은 그 진실이 말하는 것을 받아들이게 될 거예요. 그러나 바티모는 여러분이 자유롭게 해석할 수 있다고 말해요. 드라큘라 백작이 진짜 뱀파이어가 아니고, 1400년 트란실바니아에 살았던 사람들이 뱀파이어의 존재를 사실이라 믿었다고 말하며 백작 이야기를 다르게 해석할 수 있어요.

사람들은 자신의 해석을 통해 진실을 창조하는 데 기여하고, 때때로 그 진실을 공유해요. 해석은 역사를 만드는데, 그 역사는 마치 낡은 옷과 새 옷이 있는 옷장과 같아요. 역사를 살펴보면서 여러분은 진실이라고 믿었던 사실의 역사를 다시 생각하고, 새로운 해석으로 새로운 역사를 만들 수 있어요.

바티모(1936~2023)는 이성의 시대는 끝났다고 생각했어요. 그래서 비록 덜 강력하더라도 다양한 생각이 공존할 수 있고, 그러한 이유로 그는 '약한' 생각의 철학자로 불려요.

바티모처럼 해 봐요
사람들이 자신의 해석으로 진실을 만든다면, 거짓도 만들 수 있을까요?

가야트리 스피박

누군가와 의견이 다른 경우 어떻게 하나요? 대부분 자기 의견을 말할 거예요. 여러분의 목소리가 가장 먼저 말하는 것은 '내가 여기에 있다'라는 거예요. 그러나 세상에는 목소리가 있어도 말할 수 없는 사람들이 있어요. 스피박은 그들을 '하위 주체'라고 불러요. 하위 주체는 가난한 사람, 이민자, 여성 등 모든 소외된 사람이에요. 그들은 세상에서 중요하지 않은 사람들이에요. 반대편에는 권력자가 있어요. 부자와 가난한 자, 지배자와 피지배자, 남자와 여자 사이의 격차가 여러분은 옳다고 생각하나요? 아마도 그렇지 않을 거예요. 가장 약한 사람을 방어하고자 여러분은 목소리를 낼 수 있어요. 그러나 스피박은 여러분이 복화술사 같다고 말해요. 손에 든 꼭두각시가 말하는 척하고 실제로는 자신의 목소리를 듣게 하는 거죠.

여러분이 도움이 필요한 외국인 친구를 대신해 말한다면 여러분의 목소리로 친구의 목소리를 가리는 거예요. 친구를 구하고자 친구를 도움이 필요한 사람으로 만들어요. 여러분은 강자이고 친구는 약자, 여러분은 권력자이고 친구는 하위 주체가 돼요. 친구는 자기 말을 들리게 하려면 여러분의 언어를 사용해야 할 거예요. 친구는 이렇게 인정하는 거예요. '너희가 강자라는 거 알아? 내 말은 아무 의미가 없어서 너희의 말을 사용해야 해.' 친구의 목소리는 결코 여러분처럼 '내가 여기에 있다'라고 말할 수 없을 거예요. 스피박에 따르면 이 문제를 해결하기 위해 '아직 모델이 없는' 혁명이 가능하다고 해요. 이는 아직 존재하지 않는 혁명이에요. 어떤 혁명인지 상상할 수 있나요?

스피박(1942~)은 세계를 둘로 나눈 지배적인 서구 문화에 매우 비판적인 철학자예요. 그녀는 하위 주체, 소외된 사람들, 말할 권리가 없는 모든 사람에게 관심이 있어요.

스피박에게 도전해 봐요
외국인 친구의 언어로 '안녕, 어떻게 지내?'라고 말하는 법을 알아봐요.
외국인 친구에게 인사하니까 어떻게 반응하나요?

올바른 선택
마사 누스바움

여러분이 읽은 대부분의 동화에서 착한 영웅은 악당을 물리치고, 선은 악을 이겨요. 선이 더 강하다는 이야기들이지요. 그러나 누스바움에 따르면 선은 약한 충격에 부서져 산산조각 나는 매우 얇은 수정처럼 깨지기 쉽다고 해요. 인간이 여러 가지 이유로 연약하기 때문이에요. 우리에게는 크립토나이트를 가진 슈퍼맨처럼 우리를 악 앞에서 나약하게 만드는 감정이 있어요. 그러나 감정이 없다면 우리의 삶은 가짜 삶이 될 거예요. 우리에게는 친구도 욕망도 계획을 세울 의지도 없을 거예요. 살기 위해서는 많은 것이 필요한데, 그것들은 우리처럼 연약해요. 그것들을 잃을 위험이 항상 있기 때문이에요. 특히 다양한 욕망이 우리를 갈등하게 만들 때 더욱 그래요.

새로운 롤러블레이드를 꼭 타 보고 싶지만, 그렇게 하면 친구를 혼자 남겨 둬야 해서 망설인 적이 있나요? 여러분은 선택해야 했고, 선을 선택하고 싶었어요. 우정을 택해서 친구와 함께 있기를 원했죠. 물론 선이 항상 보답해 주지는 않고, 올바른 선택을 하기는 정말 어려워요. 선만으로 충분하지 않은 것처럼 우연이 개입하기도 하지요. 친구가 농구 경기를 하러 간다고 갑자기 떠났을 때처럼 우연이 개입해 상황을 결정할 때가 있어요. 우연 앞에서 여러분은 힘이 빠져서 '선을 행하는 것이 무슨 의미가 있지?' 하고 자문하죠. 여기서 누스바움은 우리에게 중요한 것을 말해요. 선한 행동이 늘 좋은 결과를 가져다줄 거라고 확신한다면, 우리는 성장하도록 자극 받지 않을 것이라고요.

누스바움(1947~)은 남녀의 사회적 불평등과 기회 균등 문제에 관심을 기울인 철학자로, 주요 연구 영역은 감정이에요.

누스바움과 함께 생각해 봐요
최근에 착한 일을 하려고 노력한 때를 떠올려 봐요.
그 결과가 어땠나요?

불투명한 거울
주디스 버틀러

남성 또는 여성이라는 것은 무엇을 의미할까요? '남자 몸으로 태어나느냐, 여자 몸으로 태어나느냐'가 가장 분명한 답인 것 같아요. 그러나 주디스 버틀러에게 남성이든 여성이든 성은 자연만이 아니라 사회가 부여하는 것, 즉 남성과 여성이 시간이 지나면서 반복해 온 몸짓과 행동을 통해 우리에게 주어진 것이기도 해요. 축구를 하는 것과 같은 행동은 남성의 것이라 믿고 남성의 몸에 기대하며, 춤과 같은 행동은 여성의 몸에 기대해요.

세상의 모든 거울이 불투명하다고 가정해 봐요. 여러분은 거울에 비친 자신의 모습을 볼 수 없기 때문에 마음속으로 느끼는 이미지에 의존해요. 반면에 다른 사람들은 여러분의 겉모습을 볼 수 있으므로, 여러분의 몸에 '남성' 또는 '여성'이라고 표시해 그에 따라 행동할 것을 기대해요. 불투명한 거울 때문에 표시를 볼 수 없는 여러분은 평소처럼 행동해요. 어느 날 여러분의 친구가 자신이 조롱을 당하고 소외되었다고 말했어요. 친구의 몸은 남성이지만, 친구는 자신을 여성이라고 느껴요. 친구는 다른 사람들에게 받아들여지기 위해 속으로 느끼는 것을 숨기기로 했어요.

버틀러에 따르면 몸은 개인의 것이기 때문에 사적이지만 그 개인이 몸을 가지고 돌아다니며 표현하기 때문에 또한 공적이라고 해요. 바로 이것이 사람들이 그 표면에 '남성' 또는 '여성'이라는 기호를 새기고 싶어 하는 이유예요. 그러나 그렇게 하는 것은 습관일 뿐이에요.

버틀러(1956~)는 정치와 인권 옹호에 적극적으로 참여하는 철학자예요. 그녀는 어떤 특성이 남성성과 여성성에 속하고 남성성과 여성성을 구별하는지 '젠더'의 정의를 연구했어요.

버틀러처럼 해 봐요
달팽이와 해마의 특성을 조사해 봐요. 어떤 종류에 속하나요?

　이 책은 철학이란 무엇이고 과거의 수많은 철학자가 무슨 말과 생각을 했는지 살펴보거나 답을 알려 주지 않아요. 철학자들의 생각을 통해 일상생활에서 일어나는 문제를 다양한 관점에서 바라보고 스스로 생각하는 힘을 길러 주는 책이에요. 세상의 관념과 현상을 비판 없이 받아들이는 것이 아니라 '왜 그럴까?'라고 끊임없이 자신에게 질문하고, 다른 사람들과 대화하며, 나름의 답을 찾아가도록 이끌어 주는 책이죠. 이 책은 철학적 대화를 통해 여러분이 세상을 이해하고 판단하며 사람들과 더불어 살아가는 힘을 갖도록 도와줘요.

　우리는 각종 미디어에서 쏟아지는 정보의 홍수 속에서 살고 있어요. 아직 나이가 어린 여러분은 출처를 알 수 없는 정보 속에서 무엇이 진짜이고 가짜이며, 무엇이 선이고 악인지 가려내는 분별력이 부족해요. 그래서 소셜 네트워크 서비스에 넘쳐 나는 이미지나 글을 그대로 믿거나, 무작정 비판하며 억지 주장을 하거나, 허무맹랑한 환상을 퍼뜨리기도 하죠. 지식과 분별력이 부족하면 그릇된 정보에 휩쓸려 혼란에 빠지고 정체성을 잃을 수도 있어요. 어지러운 세상에서 길을 잃지 않으려면 생각하는 힘이 필요해요.

　생각하는 힘은 철학적 훈련에서 나와요. 세상에 호기심을 갖고, 질문을 던지고, 답을 찾아가는 과정이 필요해요. 이 과정은 마치 수학 문제를 푸는 것과 같아요. 그런데 수학 문제에는 공식이 있고 정답이 있지만, 철학적 문제에는 확실한 공식과 정답이 없어요. 공식을 만들어 답을 얻어 내려 애쓸 뿐이죠. 수학 공식을 외우고, 또 자신만의 새로운 공식을 만들어 답을 찾는 연습을 많이 할수록 문제를 빠르고 정확하게 풀 수 있어요. 철학적 문제도 똑같아요. 과거의 수많은 철학자가 만들어 낸 공식을 배우고, 그것을 바탕으로 자신만의 공식을 만들어 나가는 과정에서 답을 찾게 됩니다. 이 책에는 세상을 이해하고자 애쓴 철학자들의 사유 공식과 풀이가 담겨 있어요. 모두 다 이해하긴 쉽지 않겠지만, 그 공식과 풀이를 따라가다 보면 여러분도 생각하는 힘이 길러질 거예요.

철학적 훈련을 통해 생각하는 힘을 기르는 것 이외에 이 책에서 강조하는 게 또 있어요. 그건 바로 다른 사람들의 이야기를 듣고 받아들여야 한다는 거예요. 자기 생각만 옳다고 주장하지 말고, 편견 없이 남의 생각에도 귀를 기울이면서 평화와 공존의 방식을 찾아야 한다는 거죠. 혼자 살아가는 세상이 아니라 더불어 살아가는 세상이기에, 주변 사람들과 화합하면서 나를 이해하고 세상을 이해해야 한다는 거예요.

여러분이 이 책에서 생각하는 힘을 얻기 바라요. 또 세상을 이해할 수 있는 지식을 얻고, 세상과 화합할 수 있는 따뜻한 마음을 얻기 바라요.

서문 움베르토 갈림베르티

이탈리아 베네치아에 있는 카 포스카리 대학교에서 문화 인류학, 역사 철학, 심리학을 가르쳤습니다. 국제심리분석학회 정회원으로, 이탈리아의 주요 언론인 〈일 솔레 24 오레〉, 〈라 레푸블리카〉와 함께 일했습니다. 『하이데거와 야스퍼스의 글에 나타난 서구의 쇠퇴』, 『정신의학과 현상학』, 『몸』, 『노마드 말』, 『영혼의 풍경』, 『사랑에 관한 것들』 등 수십 년 동안 여러 책을 썼습니다. 그의 책은 독일어, 프랑스어, 스페인어, 포르투갈어, 네덜란드어, 슬로베니아어, 세르비아어, 그리스어, 체코어, 일본어 등으로 번역되어 전 세계 독자들에게 사랑받고 있습니다.

글 이레네 메를리니

이탈리아 중부의 아브루초에서 태어나 밀라노 국립 대학교에서 철학 학위를 받았고, 철학 컨설턴트로 활동하고 있습니다. 철학을 널리 알리고자 철학 입문부터 소크라테스 식 대화까지 다양한 프로젝트를 진행했습니다. 2005년부터 여러 지역 학교에서 학생들을 가르치고 교사들을 양성했으며 아동 출판 작가, 동요 작가, 멀티미디어 애플리케이션 제작자로도 활동하고 있습니다. 마리아 루이자 페트루첼리와 함께 철학적 사고를 확산하고 장려하기 위한 책을 썼습니다.

글 마리아 루이사 페트루첼리

이탈리아 남부의 풀리아에서 태어나 밀라노 국립 대학교에서 철학 학위를 받았고, 밀라노 정신철학훈련센터에서 철학 상담과 철학 실천을 전문적으로 공부했습니다. 밀라노 철학연구학교에서 어린이를 위한 철학을 가르쳤고 다양한 맥락의 철학적 실천 강좌와 워크숍을 기획하고 있습니다.

옮김 이승수

한국외국어대학교 이탈리아어학과를 졸업하고, 같은 대학교에서 비교문학 박사 학위를 받았습니다. 현재 한국외국어대학교 이탈리아어 통번역학과에서 강의하면서 이틸리아어 번역가로 활동하고 있습니다. 옮긴 책으로 『피노키오의 모험』, '제로니모 환상 모험' 시리즈, '모르티나' 시리즈, '빌로와 빌라' 시리즈, '푸치와 브루닐드' 시리즈, 『미래 직업 대탐험』, 『첫눈』, 『길을 잃었어』 등이 있습니다.

그림

왜 그럴까?

초판 1쇄 인쇄 | 2024년 12월 13일
초판 1쇄 발행 | 2024년 12월 24일

지은이 | 이레네 메를리니, 마리아 루이사 페트루첼리
그린이 | 이사벨라 베르셀리니 외
옮긴이 | 이승수
펴낸이 | 박남숙

펴낸곳 | (주)소소 첫번째펭귄
출판등록 | 2022년 7월 13일 제2022-000195호
주소 | 03961 서울특별시 마포구 방울내로9길 24 301호(망원동)
전화 | 02-324-7488
팩스 | 02-324-7489
이메일 | sosopub@sosokorea.com

ISBN 979-11-979592-6-4 73100
책값은 뒤표지에 있습니다.